U0651052

谨将此书献给我最小的儿子——埃文

在家中，他是我们积极的"社会活动家"

他知道，阅读、写作、倾听和交谈可以帮助我们建立一个更好的世界

他使用语言和文字伸张正义、反对不公、团结周围的人

并以此

创设不同的社群

Pearson

阅 / 读 / 教 / 学 / 新 / 视 / 野 / 丛 / 书

THE ART OF TEACHING READING

如何设计
阅读教学工作坊?

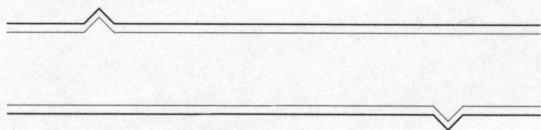

[美] 露西·麦考密克·卡尔金斯　Lucy McCormick Calkins　**著**

丁义静　马　楠　**译**　吴海玲　**校**

教育科学出版社
·北京·

致　谢

美国有两百多所学校参加哥伦比亚大学师范学院的阅读与写作项目。这本书是由参与项目的教师、校长、教师教育者和学生合作完成的，是无与伦比的共同创作的结晶。十五年来，项目组成员进行了大量的阅读、教学、记录、研究和改革，从青涩的教师成长为有经验的导师。他们欢迎批评指正并不断修正和完善自己的想法，最终完成本书。我非常感谢参与其中的诸多教师和孩子。他们提出深刻的问题和想法、分享自己的故事、制订评估标准、收集作品，这些都体现在这本书中。

这些年来，我们之所以能够在众多学校中开展阅读研究工作，是因为约瑟夫·施格兰基金会（Joseph E. Seagram and Sons Foundation）源源不断的资助。有一年，约瑟夫·施格兰基金会资助我们进行全校性的阅读系统研究和改革。他们还帮助我们启动了一项关于阅读困难的研究。同时，由于他们的资金支持，我们阅读项目的一些教师得以成长，成为导师。约瑟夫·施格兰基金会公共事务部的副部长帕齐·格莱泽（Patsy Glazer）先生多年来也一直担任我们的顾问并指导我们的工作。在我们快速发展需要资金支持时，约瑟夫·施格兰基金会总是随时伸出援助之手。我们非常荣幸能得到他们的持续资助，也希望本书能够不愧对他们的慷慨解囊。

有研究显示，童年时期我们身边的各种人际关系都会影响我们的成长。如果一个孩子的成长伴有祖父母、邻居、音乐老师、教练等，那么他的身上或多或少会呈现出这些人的影子。就像这个孩子一样，多年来，《阅读教学的艺术》（*The Art of Teaching Reading*）[①] 在其成书过程中，非常幸运地吸取了所有参与者的思想精华。

刚开始写这本书的时候，我就邀请凯茜·科林斯（Kathy Collins）做我的研究伙伴，帮助我拓展、修订和完善关于小学阅读教学方面的理念。凯茜·科林斯是我认识的最具智慧、最有原则的小学教师。我希望读者和我自己能向凯茜·科林斯和她的学生学习。读者会发现，凯茜·科林斯所具有的最大的天赋是对低龄读者非常了解。她快速的反应能力使她的教学非常幽默，并且她本人具有超凡的洞察力和创造力。这些闪光点使她的教学熠熠生辉。凯茜·科林斯擅于针对不同的学生（教师）采取不同的教学方法。她的这种能力体现在整本书中，尤其是与小学相关的章节。

我对凯瑟琳·托兰（Kathleen Tolan）的感激之情溢于言表。团队的所有成员都认为她是阅读研发方面的带头人。和我一样，我们团队中相当一部分的优秀教师都视凯瑟琳·托兰为导师。在进行调查、质疑、创造和探究时，她毫无保留地向我们展示了她的思考过程，对此我非常感激。

---

① 中文版译为"阅读教学新视野丛书"。

《阅读教学的艺术》把我们阅读智囊团的思想和课程研发工作落实到了纸面。这个团队由二十五位优秀的教育者组成，在过去的十几年中我们进行积极的沟通合作。我们经常利用周末聚在一起学习，进行课堂研究。我们共同计划，一起创办了独特的暑期研究班。我对阅读智囊团的每一位成员，不管是现在的还是以前的，都表示衷心的感谢。

在我们开始写这本书时，兰迪·博默（Randy Bomer）是阅读与写作项目的共同负责人，他现在是印第安纳大学教育学院的教授。这本书中很多大胆的观点，都是我们一起设想并提出的。他的想法非常有创意，与我和同事们的想法、实践相得益彰。这本书里很多的表述都来自他，我对他的著述、智慧和给予我的友谊都由衷地表示感谢。

还需要特别提及其他很多人。现在在曼哈顿89分区教学的唐娜·桑特曼（Donna Santman）曾是我们项目组的重要成员，她把我们团队的理念提升到一个新高度。凯茜·多伊尔（Kathy Doyle）在我大部分的创作中都充当着重要的角色，这次也不例外。很多老师同意我观察他们的教学过程，有纽约格伦黑德学校的金·塔皮尼安（Kim Tarpinian），曼哈顿新学校的沙伦·希尔（Sharon Hill），曼哈顿116分区的金尼·洛克伍德（Ginny Lockwood）和特雷莎·卡卡瓦莱（Teresa Caccavale），布鲁克林321分区的莉萨·里珀格（Lisa Ripperger）、利兹·菲利普斯（Liz Phillips）、汉娜·施妮温德（Hannah Schneewind）和勒妮·迪纳斯坦（Renee Dinnerstein），康涅狄格州丹柏利伍斯特学校的吉兰·怀特（Gillan White）和凯茜·格兰姆斯（Cathy Grimes），曼哈顿199分区的埃丽卡·利夫（Erica Leif）和玛丽·基亚雷拉（Mary Chiarella）。在此，我对劳丽·佩萨（Laurie

Pessah）、凯瑟琳·博默（Katheine Bomer）、亚历克莎·斯托特（Alexa Stott）、玛丽安·科尔伯特（Mary Ann Colbert）、马克·哈迪（Mark Hardy）、安娜玛丽·鲍尔斯（Annemarie Powers）、帕姆·阿林（Pam Allyn）、罗里·弗里德 - 科恩（Rory Freed-Cohen）和其他所有参与阅读与写作项目的同事表示感谢，谢谢他们跟我分享自己的阅读教学故事。

对于加比·莱登（Gaby Layden）在阅读困难教学方面的智慧和经验，还有她在研究和应用故事的基本要素方面所做的出色工作，我也表示感激。她以清晰的思维，慷慨地向我传授她的经验，这也是她从事教师教育工作的风格。

如果没有林恩·霍尔库姆（Lynn Holcomb）的智慧、博学及热心的帮助，尤其是她在图书分级和低龄读者测评方面的知识，我是无法完成这本书的创作的。阅读与写作项目的研究负责人伊索克·尼亚（Isoke Nia）是"单元学习"理念的先锋倡导者，在研究和应用故事的基本要素方面也提出了重要的新观点。

莉迪娅·贝利诺（Lydia Bellino）是《培养终身学习者》（*Raising Lifelong Learners*）的供稿人，也是纽约冷泉港小学的校长。二十年来，每当我在写作和学习方面进行新的尝试的时候，我总是会寻求她的帮助。她在阅读教学和学校管理方面的知识渊博，我对她的学识十分依赖。

由于要完成《阅读教学的艺术》的创作，我面临巨大的挑战，所以我邀请凯特·蒙哥马利（Kate Montgomery）陪伴我度过修改工作的最后几个星期。她是《亲爱的流放者》（*Dear Exile*）的作者之一，也承担过阅读与写作项目的研究工作。凯特·蒙哥马利帮助我梳理繁杂的细节，突显简单的结构，以便读者更好地理解。所有人当中，她最熟悉这本书。我享受她的陪伴，相信她的判断。

贝丝·内维尔（Beth Neville）及我的助理苏珊·福里斯特（Susan Forrest）和我并肩作战，帮助我整理、完成这本书。她们为这本书所经历的不眠夜比我能想象的还要多。她们对卓越的狂热追求让我惊叹。在我工作的过程中，苏珊·福里斯特一直是我的得力助手。没有她，我可能一事无成。

很多阅读教学研究者来过师范学院，参观过我们的教室，为阅读教学出谋划策。我们特别感谢玛丽·克莱（Marie Clay），她的理念为我们的阅读教学工作打下了坚实的基础。可她是那样的谦虚，在参观我们教室的时候，一直给予善意的肯定。玛丽对我们来说是一位英雄，我们向她致敬。我们还感谢戴维·布思（David Booth）、帕特·坎宁安（Pat Cunningham）、贝弗利·福尔克（Beverly Falk）、杰里·哈斯特（Jerry Harste）、埃琳·基恩（Ellin Keene）、史蒂文·克拉申（Steven Krashen）、托尼·帕罗斯基（Tony Petrosky）、凯茜·肖特（Kathy Short）、弗兰克·史密斯（Frank Smith）、伊丽莎白·萨尔兹比（Elizabeth Sulzby）和桑德拉·怀尔德（Sandra Wilde），谢谢他们加入我们的研究小组，这显著提升了我们的思考水平。伊丽莎白·萨尔兹比还读了原稿的很多章节，我特别感谢她如此真诚地帮助我们。在跟随盖伊·苏·平内尔（Gay Su Pinnell）一年的学习中我们受益良多。国家经济教育中心（National Center on Education in the Economy）的主席兼首席执行官马克·塔克（Marc Tucker）先生，还有学习研究与发展中心（Learning Research and Development Center）主任、匹兹堡大学教授劳伦·雷斯尼克（Lauren Resnick）给予了我很多增长见识的机会，他们把我带进阅读教学和学校改革的各种交流中，这极大地拓展了我的知识面。对于他们提供的这些机会、关心和慷慨援助，我不胜感激。

能够在纽约市的公立学校里开展我的工作是幸运的。为此，我每天感恩。我的工作受益于教学支持部首席执行官资深助理彼得·希尼（Peter Heaney）、教学副主管朱迪思·里佐（Judith Rizzo）、项目开发和宣传首席执行官比尔·卡西（Bill Casey）的英明领导。我有幸跟这些世界顶尖的校长和项目负责人一起工作。我尤其感谢第 3 学区 199 分区校长利兹·菲利普斯（Liz Phillips）、新泽西州特纳夫莱镇斯密斯学校校长埃拉·厄当（Ella Urdang）、第 15 学区总监帕特·罗曼德图（Pat Romandeto）和莱斯利·戈登（Lesley Gordon）、布朗克斯第 10 学区小学创新主管劳拉·科奇（Laura Kotch）、第 26 学区总监克莱尔·麦肯锡（Claire McIntee）和第 2 学区项目协调人芭芭拉·施奈德（Barbara Schneider）。

我还要感谢洛伊丝·布里奇斯（Lois Bridges），她帮我编辑了早期的作品，提供了最初且最有力的支持。还有苏珊·梅格斯（Susan Meigs），她做我的研发编辑（developmental editor）是我的一种荣幸。她逐字逐句地帮我梳理手稿。她对每段的句子都做过补充、修改或重写，当我再读那些段落时，我听到的还是自己的声音，而不是她的。苏珊的帮助不着痕迹，这都要归功于她的智慧和所花费的大量时间。另外，今后如果还会出书，我要在合同里加上一条，要求琳达（Linda）做我的文字编辑，能与她进行亲密合作，我真的很幸运。

金尼·布朗佛（Ginny Blanfor）是艾迪生－韦斯利－朗文出版公司的资深编辑，她对这本书的进程进行了监督指导。我感谢她的耐心带领和有效的计划。奥罗拉·马丁内斯（Aurora Martinez）对这个项目也非常关心。与电子出版服务部的托德·特德斯科（Todd Tedesco）合作是件愉快的事，我感谢他的幽默和辛苦工作。我珍惜蒂姆斯·图克斯博瑞（Tims Tookesberry）的热心和激情。朗文出版公司的整个团队给予了我极大的支持。为了捕捉小读者的最美时刻，我那能干的摄影师彼得·坎宁安（Peter Cunningham）总是在桌子上踮起脚尖或是趴在地板上拍摄……

　　完成这样一个规模宏大的项目并非易事，正是有了我前面提到的所有人的慷慨相助，这一切才成为可能。多年来，劳丽·罗迪（Laurie Roddy）全身心投入到阅读与写作项目中，我感谢她。我对该项目负责人劳丽·佩萨和助理贝丝·内维尔的感激之情很难用语言来表达，感谢她们对该项目的护佑和指引。我最要感谢的，是我最亲爱的朋友、最有力的支持者约翰·司考朋（John Skorpen），还有我两个可爱的儿子，他们让我的生命得以安康和幸福。

总　序

　　当今谈论中小学生的阅读和写作教学，露西·麦考密克·卡尔金斯（Lucy McCormick Calkins）是不可绕过的人物。她是美国哥伦比亚大学师范学院的教授，是阅读与写作项目的开创人，几十年如一日主持工作。她深入纽约市的各大学校，与学校一线教师和管理人员长期合作，基于教室里的日常教学生活不断尝试创新，以此开发了一系列流传甚广、好评如潮的阅读与写作教学资源。《阅读教学的艺术》（*The Art of Teaching Reading*）是她的经典之作。

　　这本书中文版的出版缘于我和研究生同学也是教育科学出版社教师教育编辑部主任刘灿的一次见面。我们闲谈起国内的语文教育，特别是阅读教学的诸多问题，我顺嘴提起《阅读教学的艺术》关乎学生现在和将来阅读生活的创建，强调阅读教学整个架构的设置，侧重阅读环境的营造和阅读方法的习得，是很多国际学校（包括我所在的3e国际学校）阅读教学的主要参照。他是有心之人，过了一段时间联系我，激动地说教育科学出版社已和国外的出版社协商好，获得了中文的版权，问我是否愿意召集3e的老师参与翻译。

　　我的回答是不假思索的"当然"。同事祝玉娟、丁义静、刘婷、赵凯也欣然同意。他们当时都在研读《阅读教学的艺术》，并与外国同事协同努力，将其精华运用于中文日常教学。遗憾的是，因为工作或家庭原因，赵凯和刘婷不得不先后退出。令人欣慰的是，同是3e老师的韦丽平和马楠加入了进来，她们的翻译给人以惊艳感。我的老朋友也是中央民族大学教育学院的林玲老师也应邀来搭把手，她的翻译流畅而活泼。能有机会将这个极富价值的教学资源推荐给中国读者，启发大家对阅读教学产生新的认识并引发讨论，我们都感到三生有幸。

　　《阅读教学的艺术》是个大部头作品，原书有500多页。为方便国内读者阅读，该书的前期统筹谭文明老师和翻译团队多次沟通，确定将它拆分为四册：《如何创设适宜的阅读环境与课程？》（祝玉娟译）、《如何有效运用阅读教学策略？》（林玲译）、《如何设计阅读教学工作坊？》（丁义静和马楠译）、《如何培养良好的阅读品质？》（韦丽平译），并将"阅读教学新视野丛书"作为这套书的丛书名。

　　立项是容易的，过程却不容易。教师的工作是忙碌琐碎的，几位译者（祝玉娟、丁义静和林玲，还有作为全书译校统稿的我）先后经历了怀孕、生子和照料幼儿的生活。翻译是个细致活，需要的是耐力和我们的全心付出。整套书的翻译前后耗时五年多。整个翻译团队并没有轻言放弃，而是更好地规划自己的工作和家庭生活，每天挤时间翻译，一点一滴地攻克。虽有幼儿需要照顾，祝玉娟和丁义静还是很快就完成了她们所负责部分的翻译初稿。韦丽平、马楠和林玲的翻译浅显易懂，保证了翻译的质量，还为原著增色不少。我感恩于所有译者的投入和坚持，感谢谭文明老师的跟进和协调，还有其他几位编辑的后期加工和润色。

不可否认，该翻译项目是庞大的，涉及多人的合作和协调。我的译校和统稿工作也是抓住碎片的时间完成的。我把阅读每位译者的稿件当作一种享受，并尽可能统一贯穿全书的术语，同时也尽量保留了他们翻译的个人风格。读者难免会找出前后不一致的表述，或意识到每本书给人的阅读感受存在差异，各种纰漏定不在少数，欢迎随时指正，我们努力在再版时改进。

教学工作及其情境是纷繁芜杂的。作为教师，我们有可能陷入泥潭，穷于应付各种状况，对教育学生缺乏长远规划，也无心专注研究阅读教学。"阅读教学新视野丛书"不断地告诉我们，即便受诸多因素限制，我们也可以选择不忘教学初心，那就是影响学生将来的阅读生活，以此为出发点改进阅读教学的环境和方法。我们有时可能会感觉焦虑和无助，但捧起这套书会让你平静和放松，回归生活的本质，找回希望，获取灵感。我们会少些抱怨，多些主动，基于不断的研究和尝试，坚定地将阅读教学的改进真实地往前推动。相信团队的力量，点滴汇聚终成大海。

这套书无疑是适合中小学语文教师阅读的，而有关早期阅读教学的理念和做法，值得幼儿园或专注幼小衔接的教师借鉴。阅读教学是科学的、成体系的大工程，改善阅读教学需要所有相关人员的参与和合作——不同学段的一线教师、学校管理人员，不同级别的教研人员及高校的语文教育研究者。这套书同样对英文教育工作者有重要的参照价值，也欢迎你们阅读原著。另一个不可轻视的阅读人群是高校相关专业的师范生和教育专业的研究生。我的观点是这套书应该是他们的专业必读书之一。

　　显而易见，这套书是针对英文阅读教学而撰写的。移植到中文语境，基于几位译者在教室里的尝试，基本的阅读教学架构和原则是适用的。与此同时，我们的确要着眼于中文的特殊性，创造性地运用其中描述的教学策略和活动。我的愿望是，我们书写自己的阅读教学的艺术，和卡尔金斯教授的版本对话，彰显中英文阅读教学各自的风采。因为该书的引进，我也期望国内读者多接触卡尔金斯教授的其他作品，聆听她的分享，从而更为深刻地理解读写结合的重要性。

　　在社会高度信息化和国际化的今天，但愿这一天不会来得太晚！

吴海玲

3e 国际学校

2017 年 4 月 8 日

译者序

2010 年的夏天，我们一起准备三年级的阅读课的时候，不经意间知道很多美国来的老师们在大学期间以《阅读教学的艺术》(*The Art of Teaching Reading*) 为教材来学习如何上阅读课。当时我们的第一个想法是：嗯，师范院校教师的教材嘛，估计和我们的也差不多。于是并没有放在心上。但是等我们听到很多外教都对这本书赞不绝口的时候，我们忍不住去学校的图书馆借阅了一本，随意浏览间就被深深吸引住，竟然不忍放下。后来这本书在我们中文老师这里也开始流行起来，渐渐地，我们越来越多的人关注这本书，讨论这本书，而这本书对我们每个人的阅读教学都产生了很大的影响。

就在我们热火朝天地分享这本书的时候，吴海玲老师告诉我们，我们将有机会把这本书译成中文，并分享给更多关心阅读教学的人。我们既为能做这样的事而激动，同时又深深地感到不安。严复先生所说的译事三难：信、达、雅，我们可真是深有体会。我们想着即便不能达，不能雅，但能不能做到"信"？能不能准确地表达出作者露西·麦考密克·卡尔金斯的意思？毕竟读英文作品和翻译英文作品之间，有很大的不同。在忐忑不安中，在想着"独乐乐不如众乐乐"中，在吴老师和其他学校领导的鼓励中，我们开始在家庭生活和教学生活之中寻找时间，克服困难，踏上了翻译之路。历经五年多的时间，经过我们所有参与翻译的老师们和教育科学出版社各位编辑的不懈努力，这套书终于要和大家见面了！

你一定会好奇，这究竟是一本怎样的书，值得我们锲而不舍地坚持把它翻译出来。只能说，它值得等待。简单来说，它把你进行阅读教学时遇到的、没遇到的问题都帮你想到了，把你想到的、没想到的很多方法都分享给你了。这本书里既有很多大家一看就懂的经验分享，又有引发我们深深思考的理论；既有很多阅读教学步骤上的方法指导，又有很多实施之前的统筹安排；虽然是阅读教学，但也有写作教学。这本书不仅适合美国的学校和学生，也适合我们的学校和学生，而且大部分都是可以直接借鉴的。

我们一起翻译的部分，整理成了这本书，即《如何设计阅读教学工作坊?》。在这本书中，不仅谈到了幼儿园大班的阅读教学，也谈到了小学时期的阅读教学。露西·麦考密克·卡尔金斯把设计阅读教学工作坊初期的准备，实施时的步骤和方法都非常详细地描述了出来，甚至将老师们怎么引导学生都做了详尽的分享。因为我们的水平有限，翻译上还有很多地方不能尽善尽美，恳请各位读者批评指正。

作为教师的我们，都知道培养学生阅读兴趣的重要性。但也深知，如何去进行阅读教学值得深思，而教好阅读并不是容易的事。由《阅读教学的艺术》翻译而来的"阅读教学新视野丛书"正好就是能帮助我们把阅读教学变得容易起来的一套书。它，值得拥有！

各位有志于阅读教学的朋友们，期待你们能借助"阅读教学新视野丛书"，和我们一起实践阅读教学，发展阅读教学，让我们的孩子们爱上阅读！

丁义静　马　楠

2018 年 1 月 20 日

目　录

引言 / 001

第一章　九月阅读工作坊（大班和一年级）/ 007

为语言学习创造条件　　　　　　　　　008
怎样预估学生阅读情况　　　　　　　　026
阅读工作坊的管理是什么样的　　　　　035
教孩子为自己安排丰富的阅读生活　　　039

第二章　引进文字阅读（大班和一年级）/ 045

如何决定课程何时聚焦文字阅读　　　　046

第三章　迷你课：阅读后的讨论和思考（大班和一年级）/ 067

迷你课：聚焦文本思考的重要性　　　　068
便笺纸：培养思考性阅读的阶梯　　　　070
阅读的关键：倾听和回应　　　　　　　076

年幼孩子讨论书本的独有特点　　　081

第四章　教室里的阅读中心（大班和一年级）/ 087

阅读中心的新形象　　　088

工作重点　　　089

阅读中心的指导原则　　　094

如何让阅读中心运转　　　097

对文本做出回应的方法　　　105

第五章　九月阅读工作坊（二至八年级）/ 111

理解性地阅读简单的书　　　114

有耐力地读大量的书　　　119

流畅地阅读　　　124

和朋友一起阅读　　　128

庆祝阅读　　　129

用可以复述的方法阅读　　　130

确保学生对文本负责　　　133

第六章　通过读和写来发展思维（二至八年级）/ 139

使用便笺纸和其他工具　　　140

如何创作和讨论便笺纸　　　146

便笺纸对写作和讨论的影响及两者的关系　　149

以写作和图形组织为工具　　153

顺着思绪进行写作　　165

第七章　阅读项目（二至八年级）/ 171

为什么要做阅读项目　　175

第八章　图书俱乐部（二至八年级）/ 179

图书俱乐部的缘起　　180

图书俱乐部的运作　　182

图书俱乐部一瞥　　194

引　言

在本书中，针对大班到一年级以及二到八年级的 9 月至次年 1 月的阅读教学，我设计了一种可能的课程。我清楚地知道这样的年龄跨度下的孩子阅读的差异。众所周知，阅读教学没有所谓的最优方案。我想呈现的是一个社区最新版本的课程教学安排表，对于修改的建议我们虚心接受。我以一学年逐渐展开的方式描述，并非期待大家全盘照做，而是希望这样的描述能够帮助你学习，就像我们参观其他教师的课堂或在别的学校的教室学习一样。

在下面的这些章节中，我希望能够说明：作为教师，我们不仅需要持续性、结构性地计划我们的教学（参见《如何有效运用阅读教学策略？》），而且也需要依据研究或探究单元的改变及时调整。因为我们已经发现，研究单元能够挖掘出学生及我们自己所具有的巨大潜能。

在整个美国，许多教师都受益于思考写作工作坊中持续使用的结构组织形式（迷你课、同伴关系、作者庆祝）以及不断改变的单元主题（写作诗歌、回忆录、社论，以名家为师）。在我们的教学中，我的同事和我发现，在阅读课程中使用研究单元也同样有效。

有些人可能会困惑于阅读工作坊中的"研究单元"，可能是由于市面上常见的教材或出版物中呈现的往往是严格的、自上而下的、遵循固定顺序的学期课程。我相信：读者在接下来的章节中会发现，我对研究单元的理解和他们大不相同。这种不同首先在于，这些单元是由一群相互关联的教师和学生共同创造的，并带有他们的强烈印迹。通常，如果一个教师或学生创造了一种新的工具或技巧，那么它会像野火一样传遍各个班级。我们对于研究单元中的语言、方法、新点子都是相互分享而非自己独享的。

近期我去访问了一个大城市，了解到很多人正在尽最大的努力将平衡式读写引进每个学校的每个班级。我看到的图表显示，几个平行的教师发展项目正以此为目标进行运作。这是项巨大的工程，只略有欠缺——所有的箭头都是单向的，从教师发展组织往下指向学校和教室。相比较而言，在纽约，这类项目的指向往往是多维度、全方位的。我们所有人相互学习，全市的教师和校长都会对我们正在发展的、共享性的阅读课程有所贡献，并彼此知晓。准确地说，我们倾向于学习那些我们在《如何有效运用阅读教学策略?》中介绍的持续使用的结构形式。它们不是来自个体教师或校长，而是源于研究者、教研员、头脑风暴或者图书。在我们的社区，有些教师因其创造的研究单元而被大家熟知。通常，我们中的一群人启动这些单元，而后所有人都加入课程起草和修订的过程。与呈现一种强加的、自上而下的组织结构不同，我们的研究单元鼓励创新和发现。（需要注意的是，虽然本书按照顺序列出一系列我们已经创造、采纳和改编后的研究主题，但在《如何培养良好的阅读品质？》中我打乱了主线，建议大家根据自己的情况进行调整。）

有时，可能有些人在学习我们的研究单元时心存困惑，倒不是担心这些单元呈现的课程是强加给教师的，而是担心这类课程是强加于学生身上的。有些教师则惊讶于我们对计划的重视。"难道你们的教学不是从学生出发的吗？"他们问道。更直接些来说："你们推崇的是计划性的全班集体学习还是对个别学生的针对性教学？"我的回答是："两者皆有。"我确实想要以儿童为中心，对他们的需求做出回应，但同时我也坚信全班作为一个整体来参与也会对学生的学习有所助益。

评估学生的阅读水平并且为他们制订小组活动及个人干预计划非常重要，这样可以不断推动每个学生朝着我们为他制定的目标迈进。同时，学习共同体一起探索策略的力量不容小觑，我们同样需要关注。当然，每个学生都应该阅读适合自己的图书，多数的阅读技能是共通的。所有人都应该学习了解书的主要内容、针对文本批判性地提问、使用多种办法解决字词问题、比较性地思考多个文本。教师需要思考："在整个阅读教学中，我想传递给学生哪些习惯和价值？"教师也需要意识到，有时我们的教学要从帮助每个学生加入班级集体探究、共同分享这个角度来进行。

在《如何创设适宜的阅读环境与课程？》中，切尔特兹说道："我的奶奶阅读《圣经》，她会放一张纸巾来标记她读到哪里了。"她的老师凯茜·科林斯回应道："是吗？那她在使用书签？我也用哦！"很快，整个班的学生们都跳出来讨论书签这个流行话题了。当对话快结束时，每个学生都变成了书签使用者，不管是用冰棍棒、纸巾还是用其他能用的东西。这就是一次回应学生需要的教学，但并不像它呈现的那样自发或即兴。切尔特兹说起书签这个阅读习惯也并非偶然，而她的老师引导这次讨论也并非当时的灵光乍现。凯茜在开学初就已经决定，她会使用一系列的方法来启发学生们讨论他们的阅读生活，并展示自己的阅读习惯。她并不知道切尔特兹的奶奶会用纸巾作为书签，但是她知道，她九月份的教学会帮助学生找到阅读工具、形成阅读习惯和明确读者身份。她还知道，她会用学生们自己的方法来和他们"共同创建"班级中的文学世界。凯茜的课程计划使得她能够将切尔特兹提到的使用书签的做法转变为全班的探究话题，从而避免了她教学时的慌张狼狈。

如果凯茜的班级正在阅读史蒂文·凯洛格（Steven Kellogg）的《斯科格小岛》（*The Island of the Skog*）——这是一个小老鼠们发现了一个可怕的怪兽定居在它们岛上的故事，班里的彼得猜想这个怪兽是不是来自另一本他正在读的《神秘的蝌蚪》（*The Mysterious Tadpole*），这时凯茜老师的脑海里是否会响起"迷你课警报"[①] 呢？她可以停下来，让孩子们去思考一下彼得的这种猜想，即凯洛格的这两本书是相关的。"你读一本书的时候，也会想到另一本书。"她可以这么说。从多个方面来看，这充其量是合格的教学。如果三分钟之后，学生读到了下一页，布兰娜在一个单词上卡住了，她很聪明地回过头去读这个出现障碍的句子，这时凯茜需要响起"迷你课警报"吗？虽说我们的教学力争回应孩子的需求，但可能由于一会儿这个方向、一会儿那个方向而最终导致几个教学目标都没有达成。我的同事和我发现，在开学初的阅读和写作工作坊中我们确定可以掌控的教学方向和

---

① 这里作者的意思是，凯茜老师可能会考虑接下来进行一次简短的关于阅读的讨论课，也称为阅读迷你课。

目标是非常必要的。

最后，我想补充的是，我们的课程计划当然要考虑学生的需求、我们及所在社区制定的教学目标或标准。为了制定课程教学日程表，我们思考："在未来的一年或两年的时间里，我们期望学生们在阅读上知道和做到什么？到了四年级末呢？到了八年级末呢？"我们还需要思考："为了达成目标，我们现在需要做什么呢？"如果我们希望学生能够围绕图书展开巧妙精彩的对话，那么简单地设定目标是不够的。我们还需要为学生逐步达成这样的目标进行具体的安排。为了做到这一点，我们需要揭开目标神秘的面纱。当我说"希望学生能够围绕图书展开巧妙精彩的对话"，我究竟指的是什么？可能我们觉得，学生进行读书会（book talk）时不断回顾所讨论的文本比其他的目标更重要。那么接下来的问题就变成："为了达成目标，我们现在需要做什么呢？"很快我们意识到，如果让所有的学生在一月后能够阅读具体的某些片段（不同水平的学生都可以达到的一个目标），他们需要在九月份开始阅读自己能理解的书。我们不仅要确保我们在打基础，还需要清晰地告知他们阅读目标并支持学生努力向该目标迈进。最终我们会抽身，收集证据来判断学生独立阅读的状况，然后重返教学，基于我们掌握的需求和兴趣进一步开发课程。这就是我们社区使用的课程开发的方式。

本书的前四章讨论大班和一年级教室里的研究单元。第一章更多的是聚焦宏观问题："在很多学生还不会阅读的情况下，阅读工作坊是什么样的？"而不是"开学初的研究单元具体如何操作"。虽然这一章与后三章的关联不强，但我还是希望它能够给大家带来帮助。在前四章讲述大班及一年级的秋季和初冬阅读研究单元之后，我们将继而讨论二至八年级的四个研究单元。二年级教师则尤为需要整合大班和一年级与二至八年级这两部分的章节。针对某个具体的年级，重要的是我们按顺序阅读这些章节，想象一学年就此逐渐展开。在阅读的时候，你会发现每一章节涉及的年龄跨度都很大，希望你能够理解。

第一章

九月阅读工作坊（大班和一年级）

八月的某天，我和凯茜打算花一大块上午的时间在她教室为她的一年级阅读工作坊做计划。这时，安娜的妈妈走了过来。"最近我每天都来，"她对凯茜说道，"希望可以在这儿遇见您。我想确保让您知道：如果我的孩子出现任何状况，请第一时间电话通知我。"她笑容中透着担忧，接着说："毕竟，今年至关重要。"她可能还想说："毕竟，今年是决定我女儿命运的一年。"雷蒙德和他的妈妈也来了，他们在门口张望。凯茜尝试着跟害羞的雷蒙德聊上几句，但他还是像只休眠的寄居蟹一样沉默地走开了。趁这会儿，他妈妈小声地告诉我们："他对上一年级要学习阅读和其他科目感到特别紧张。他有一个上四年级的哥哥，所以他知道会发生什么。他只知道自己以后会是什么样子，却不了解这个转变的过程，这让他非常焦虑。"

不只是安娜和雷蒙德两个学生的妈妈认为一年级对于孩子来说是决定性的一年，越来越多的家长意识到，学生作为读者的成功大大得益于甚至依赖于早期阅读的成功，于是学校缩小大班和一年级的班级规模以便在这关键时期给每个学生提供更好的教育支持，并给小学教师增添了更多的专业培训机会。但这也付出了很高的代价，因为对早期读写的过度关注有时催生一些过于活跃的、压力较大的和更为强制的课程，而这些课程与我们的目标却是背道而驰的。

如同雷蒙德一样，凯茜开启这个新学年的同时也意识到了众人的心理预期。她十分清楚，她要带着每个学生完成从启蒙阅读到正统阅读的跨越，这责任重大。

因此，安娜和雷蒙德两个学生的妈妈的突然造访让原本轻松自在的氛围以及私密的课程计划制订过程深受影响。我从她们的眼神中看到了焦虑，从她们的话语中听到了紧张。我知道，我看到的正是所有小学教师所感受到的施加在他们的教学梦想和计划上的压力。在听这些家长表达焦虑的同时，我想起了一个三年级学生写下的有关一年级生活的回忆："噢，那些日子多么美好！那时候我们没有那么多的功课，但是我渐渐长大，现在我都被功课塞得满满的！"他用这句话结束了他的回忆："有时候真希望时间倒流，让我回到一年级。那时候的我多棒。"

我猜想，当今的大多数小学教师，就像那个三年级孩子一样，也无比怀念以前孩子们刚刚入学、自信聪明、没有"被功课塞得满满"的美好时光。

为语言学习创造条件

在家长造访的间隙，我和凯茜谈到，她这一学年的一个首要任务是让雷蒙德、安娜以及这个班级的每一个学生都感到自己很聪明、很棒。教学至关重要的一点是基于学生的已有经验，引导他们达到自己力所能及的高度。这一点在大班阶段尤其重要，因为学业成功最重要的因素就是参与。玛丽·克莱曾经说过："即使在我最不看好的阅读项目中，也有80%的学生达到目标。"她接着说："我只能将此归功于学生们活跃而富有建设性的大脑。"我的预测是，学生若是没有达到目标，原因在于他们活跃和富有建设性的大脑在学校没有运转起来，所以故事、思想、言语、字母以及声音全都过耳而不入。最危险的不是学生没学到某些知识，而是他们学会了在学校和阅读时被动、不参与。

本章将思考我们在教室里如何创设环境来支持学生们作为阅读者的学习，尤其是在他们还不能进行正统阅读的情况下。因此，本章将着重讨论大班（尤其是大班的前半年）以及一年级的头几个星期的教学，但这些内容又与我们小学各个年级的教学不无关系。

我们如何创设出一个让启蒙阅读者独立自主，并能积极地在阅读中让自我成长的环境？

在如今这般的压力之下，如果我们过于关注目标而忽视孩子们的参与感，那么这场教学旅行就会毫无意义。现实中，为了赶课程进度，我们常常把图表、评估标准和一张张拼写规则清单统统塞给学生，直到他们眼神呆滞、双目无神。

当我们在黑板上张贴出只有班级头六名成绩优异的学生才会使用的三十个高频词汇时，我们看似是在给小读者们上课，但这些课并非我们应该实施的。我们在让大多数学生接受这样的信号：文字太难了，不是他们能学会和掌握的，只有少数学生才能搞懂，阅读更是难上加难。如此一来，我们还能对很多小学教室里的大部分学生在书籍面前表现出的消极被动而感到惊讶吗？他们放弃那整天面对的满墙、满纸的黑色符号又有何稀奇？

　　在开学之初，为了让每个学生都理解某个概念，比如词汇的稳定性，我们最好是慢下来，与其张贴三十个词，倒不如就放上三四个词在黑板上。在我们担心孩子们是否能够自动识别大量单词之前，我们需要确保他们明白，每当他们看到"M-o-m"这三个字母的时候能知道这是"妈妈"的意思。"M-o-m"可能出现在一个词卡上（在这里指妈妈），也可能出现在情人节贺卡上（在这里也指妈妈）或者出现在一个故事里，一个有关妈妈的故事里！我们可以将这三个字母"M-o-m"写在纸上，其他人看到后也能认出是"妈妈"的意思。我要表达的是，首先，我们可以稍微放慢教学的步伐以确认我们所教授的内容实实在在地被学生接受并应用了。我更想表达的是，我们的教学是概念性的。我们可能认为我们正在教授一个知识内容（比如说一个常见字），但同时学生可能也在建立关于文字、故事和书面语言以及他们自己作为读者和作者的概念。

　　有时候，老师错误地认为小学阶段阅读课程首先要涉及的内容就是字母 A（然后是 B），接着是一些常用词——冠词和介词，如 a、the、in，然后是分级阅读书目中的入门读物。这些老师一番苦心，为了教授这些知识，他们想尽办法，包括练习纸、闪卡还有"请你跟我读"式的反复练习等。这些老师重视字母、发音和单词的教学并没有错。的确，对大班学生而言，学习这些基础知识是非常重要的。他们错就错在认为这些知识本身构成了读写的基础，并认为用闪卡来教授这些知识能达到用故事教授的效果。然而，哪怕是学习一个字母或者一个单词，对于入门阅读者来说，都是他们学习何为字母、何为单词以及这些字母、单词如何运用的过程，所以学生需要在一个真实丰富的语境中去学习这些知识点。

我们常常有意无意地向学生传达着与读写相关的概念和认识。当我们在一个五岁的学生面前晃动卡片、展示四个单词的时候，我们可能是在把这四个单词作为物品进行教学，但可以肯定的是，我们在教学生：用字母拼写单词和用积木搭建城堡大不相同。学生认识到学习书面语言不是一件可以和朋友共享的乐事。作为读者，他开始感觉到自己失去掌控力，因为掌控者另有其人。文字让他感到困惑和害怕。这个学生在以后阅读中遇到问题时，就会感到习以为常，不探究竟。出现这种情况，我们还会感到奇怪吗？

在为初建阅读工作坊做九月份计划时，我们需要思考："我的教学如何才能进一步促进学生阅读概念的发展？"以下是一些可以帮助学生成为积极的读者和作者的理念。

◎ 学生需要知道人们在什么时候以及为了什么目的而阅读和写作。在成为解词能手之前，他们可以先从自身需要出发，建立对阅读和写作的粗略认识，并将两者视为丰富乐趣、学习以及人际关系的方式。

◎ 学生正在建立关于学校以及他们自己作为学生身份的认识。让他们成为活跃主动、富有建设性、积极参与学习的学生非常关键。他们可能会在积木建构区学会这一点，接下来我们可以帮助他们将这样的对自己和学校的认识扩展到文字领域。

◎ 学生会发展语言的概念。让学生在与同伴和我们的交谈中持续地叙事很重要，如此一来，语言就不仅仅是简单的标签或者被用作汇报这儿此时发生了什么（"那是我的卡车。""砰，快让开！"），持续地叙事更能创造出富有想象力的世界、动作和想法（"昨天我建了一个车库，然后鲍比……"）。

◎ 学生需要建立体裁的概念，能感受到不同体裁的作品所使用的语域和结构都不同，并能内化这种认识。如此一来，他们拿起一本故事书就知道里面有人物和一连串的事件。如果一个学生看到故事的这一页有一只猫，而下一页有一只狗，我们希望这个学生能够将这两者联系起来并预测这只狗可能会追那只猫。我们期望学生知道一本菜谱和一本故事书读起来是不同的，并且能预料到两种不同体裁的书具有不同的结构。

◎ 学生需要学习字母和语音之间的对应概念。一般来说，阅读和写作方面起步较好的学生，在全日制的大班学习一年之后能够认识很多甚至大多数的字母，以及很多字母的发音。他们还懂得字母具有稳定性（不管 M 以何种字体呈现，M 依然是 M），并逐渐认识到字母可以组成单词或成为单词的一部分。

◎ 学生需要建立单词的概念，那么他们在被要求拆分一个句子的时候，如 "My friend Mary likes to draw ducks（我的朋友玛丽喜欢画鸭子）"，他们不仅会将其分成 "My friend Mary（我的朋友玛丽）" 和 " likes to draw ducks（喜欢画鸭子）"，而且会分成一个个单独的词汇。学生需要认识到在句子和故事中每一小团字母就是一个单词。他们会在自己的写作中首先认识到这一点。一旦学生形成了对单词的初步感知，我们就可以帮助他们学习一一对应。最后，学生将受益于此，他们将依赖并利用自己已经掌握的常见单词来加强一一对应的概念。

◎ 学生需要对书面文字建立特有的方向感，知道大多数的英文都是按照从前到后、从上到下、从左到右的顺序来读，除非文本被进行了特别的排版。

　　我们如何设计一个可以让所有来到学校的学生感到自己很棒很聪明的课程？又如何让他们通过不断接触文字和故事，增加其相关经验，进一步理解阅读和写作中的关系脉络？尤其是，当学生尚未能够真正阅读的时候，我们如何教授重要的概念，比如不同的体裁有什么相同点、人们为什么要阅读和写作？

　　对于大班和一年级的学生，我们是从创造一个特定的学习环境着手的，其特点之一就是充满了坎伯恩（Cambourne）在《整个故事》（*The Whole Story*）中所描述的语言学习的条件。坎伯恩认为，如果我们研究出学生学习口语（几乎所有儿童都能毫不费力地完成如此艰难又复杂的学习）的条件，那么我们就能得出所有语言读写学习所需要的条件。尽管最近研究者指出学习阅读不同于学习说话，但依然有很多条件能支持语言学习的听、说、读、写这所有的形式。坎伯恩认为这些条件包括：

沉浸	学生需要沉浸在他们所要阅读和写作的文本中。
示范	学生需要我们反复向其示范我们所希望他们做的事，尽管他们只会选择自我过滤之后的视角和行动，并将其组织并整合进他们的读写知识。
参与	如果学生没有参与进来，那么所有的示范以及为语言沉浸提供的条件都会变得毫无意义。只有让学生看到活动的可操作性和意义所在，他们才会赞同示范并参与进来。
期望	我们用各式微妙的方式向学生传达我们的信心——相信他们有能力参与读写活动并掌握各种学习策略。我们帮助学生相信他们自己的努力会获得认可。
责任	针对一个学习任务，学生需要自己决定如何学习以及学习哪些方面。
应用	学生需要时间应用和练习读写知识，满足自己的学习目的和需要。
尝试	学生一定要有足够的自由进行尝试，并允许他们犯错。
反馈	学生能够从我们这里获得温和的反馈很重要，这些反馈可以支持他们的持续参与。

启蒙阅读者能在阅读工作坊中做些什么

我们在为大班的写作工作坊做计划的时候,有必要花些时间想一想如何将坎伯恩提出的条件付诸实践。全世界的教师都会将学生集中起来并向他们传达一种信念(或者说期望),告诉他们:"你们所有人都是作者",以及"今天我们将要创作故事"。教师转向白板说道:"我要来写写我今天早上做培根的故事,因为油星子溅起来烫到了我的手。"很快,她就开始示范写作的过程。她画了自己站在炉灶旁边。"那就是我(me),"她说,然后重复"我(me)"的同时写下了字母 m。"我(me)。"她又说了一遍,一边读着她写下的内容,一边继续写着。很快学生就开始选择水彩笔、中性笔还有纸,思考着他们要画些什么、写些什么。他们开始了,大胆尝试并接受反馈。"那是你的爸爸?"老师问,"我怎么知道呢?你需要写上'爸爸(dad)',跟着我慢慢念……在单词的开头你听到了什么音?"

在学年之初,我们趋向于将大班和一年级的阅读工作坊和写作工作坊同步进行。我们可以召集所有学生,并信心满满地对他们说:"你们所有人都是阅读者。今天我要给你们读保罗·加尔顿(Paul Galdone)的《三只坏脾气的小山羊》(*The Three Billy Goats Gruff*)。和昨天一样,读完之后你们可以和同伴读这本书或者其他书。"很快,学生听完了我们重读这本《三只坏脾气的小山羊》,他们各自拿着这本书或者别的熟悉的故事书四下散开,将这些书再次读给同伴听。

"但是……他们还不会阅读。"你可能会想,而且大多情况下确实如此。在大班初期,我们大多数学生只能尝试着阅读,就像很多作者只能尝试着写作一样。他们需要机会来尝试着阅读,这就是他们所能做的，因为学生学习任何语言的阅读、写作和交流，都要通过尝试。他们将通过沉浸于书面语言环境中，通过观察老师和同学示范什么是可操作和值得一试的活动，再加上他们自身的参与（因为我们向他们传达了期望，告诉他们能够做到）来学习阅读。也就是说，学生通过应用、练习和我们恰当的反馈来学习，这可以帮助他们在老师的支持下学会他们很快就能独立完成的内容。

学生开始阅读时，我们会跟进，随时准备从他们的尝试性阅读中汲取经验并为他们提供帮助。因为对于上大班几个月的学生以及部分上一年级不久的学生而言，阅读一本书并不意味着阅读其中的文字。很多学生可能会翻书，随后生成自己的内容。

阅读时间一到，五岁的妮可就直奔摆放在名为"百读不厌"的书架上的那些装满图书的藤编筐。是伊丽莎白·萨尔兹比启发我和我的同事们将多本可重复阅读的故事书区分开来。萨尔兹比的大班文学项目（Kindergarten Literature Program，简称 KLP）给我们的工作提供了不少灵感。我将在本章的后面部分进行更为详细的描述。一个筐子里装着六本汤米·狄波拉（Tomie DePaola）写的《巫婆奶奶》（*Strega Nona*），另外一个筐子里装着几本维吉尼亚·李·伯顿（Virginia Lee Burton）写的《迈克·马力甘和他的蒸汽挖土机》（*Mike Mulligan and His Steam Shovel*）。妮可绕开这些书，挑了艾丝菲·斯劳柏肯纳（Esphyr Slobodkina）的《卖帽子》（*Caps for Sale*）和唐·弗里曼（Don Freeman）的《小熊可杜罗的口袋》（*A Pocket for Corduroy*）。所有在"百读不厌"书架（有些老师引用了萨尔兹比的项目名称而称此为 KLP 书架）上的书都已经被老师朗读过五六遍，所以妮可立即倚着靠枕开始了阅读。校长莉迪娅·贝利诺在旁边一边听着一边记录妮可读的《卖帽子》。

这本书的开头是这样的：

从前，有一个卖帽子的小贩，

他不像其他小贩那样把叫卖的东西背在背后，

他把帽子全都顶在头上。

他在街上走来走去，

全身上下都挺得直直的以免帽子掉下来。

他一边走，一边喊着：

"帽子，卖帽子，一顶五十分！"

妮可看了看第一页的插图，又看了看上面的文字，下面是她当时"读"出的内容：

很久以前，有一个卖帽子的男人。

他叫卖着："卖帽子，卖帽子了。"但是没人要买帽子。

然后他走到桥上，叫卖着："卖帽子了。"还是没人要买。每个人都待在自己家里。

然后他有些伤心。

然后他来到一棵树边休息。

然后猴子拿走了他的帽子。

然后他醒了。

他想检查一下帽子是不是还在。

只剩下一顶帽子。

然后他摸了摸他的帽子是不是还在。

都不在了。

　　他看了看树的北边，然后他看了看，嗯，嗯，树的另一边……

　　然后他抬头一看，看见猴子戴着他的帽子，

　　一项红色的帽子，

　　然后是一项灰色的帽子，

　　然后是一项蓝色的帽子，

　　然后是一项黑色的帽子，

　　还有一项金色的帽子。

妮可以类似的方式，继续看着书上的文字，"读"着故事。

正如妮可的例子和玛格丽特·斯宾塞（Margaret Spencer）所告诉我们的那样："很显然，百读不厌的故事教会学生的远超过我们的预想。"玛丽·克莱对此表示同意。在一遍遍地听这些经典故事以及尽力阅读这些故事的过程中，孩子们学会了玛丽所说的"了解故事情节的结构，预测事件的发展，对已读内容的记忆，以及运用语言表现惊讶、情节高潮和幽默的方法"。伊丽莎白·萨尔兹比进一步发展该项工作，帮助我们认识到一个学生的阅读从启蒙状态到正统状态所经历的过程，进而做到预测、发现并支持其口语和书面语言方面的发展。一个阅读刚起步的学生给我们带来多少惊喜啊！我很喜欢妮可演绎地阅读《卖帽子》时呈现出来的文学节奏感：

　　他想检查一下帽子是不是还在。

　　只剩下一项帽子。

　　然后他摸了摸他的帽子是不是还在。

　　都不在了。

我能感受到妮可在叙述这个故事时产生的疑惑，比如她说"他看了看树的北边，然后他看了看，嗯，嗯，树的另一边……然后他抬头一看"。

　　一旁的阿莫里正在浏览他那色彩斑斓的大开本图画书。他的老师未曾给他们朗读过这本书。书的每一页都印有一群动物的图片。回到书的开头，阿莫里的目光从图片转向文字，然后又回到图片。最后，他一边指着文字一边念着，开始读了起来。阿莫里是这样读的：

原文	阿莫里的版本
所有的这些动物 排成一排走着	很久以前，它们一起 走向森林
现在它们要回家去 让我们看看它们要去哪里	（跳过了这一页）
猴子去了丛林里 河马来到池塘边	三只小猴在树林里 （富有节奏感地读出来） 两只小河马在水里
老虎站在草原上 一旁还有镇定自若的狮子	四只小老虎在旷野上 （跳过了这一页）
鳄鱼回到了河里 大象在平原上	两只小短吻鳄在沼泽里 （点数着：1、2、3、4、5、6、7、8） 八只小象在草地上
那里还有高得快要碰到天空的长颈鹿 以及沐浴在雨中的蟾蜍	三只长颈鹿在吃树叶 （点数着：1、2、3、4、5、6、7、8、9、10、11） 十一只小青蛙在雨中

　　假如我还初为人师，在目睹了阿莫里的阅读之后，我可能会认为他简直毫无进步、错漏百出，因为他所读的内容和书上的文字不相符，我可能会对他大失所望。我可能会说："他还是不会阅读。"接下来的几个星期，我可能会继续观察他："还不会读，还不会读，依然

不会读。"有一天（阿莫里也参加写作工作坊），看似很突然地，阿莫里打开了一本有规律可循的书并且读对了其中的部分内容。惊讶之余，我可能会说："谁能想到！突然之间——莫名其妙——他就会读了！"我甚至可能会用阿莫里突如其来的进展来证明阅读是无法教授的，可能一下子就开窍了（或者尚未开窍）。要是我这么想就大错特错了。阿莫里在阅读方面的成长一直在我眼前发生着，但是教学经验不足的我只能看到阅读的一个方面——发音与字母的对应关系——以致忽略了他展现出来的阅读技巧、概念认知和可喜的进步。如今，在对启蒙阅读者有了更深的理解之后，我可以看到阿莫里阅读这本书时呈现出来的能力并对其大加赞赏。他所展现出来的种种技巧让我对他在发音与字母的对应以及文字方面的发展也充满了信心和期待。

阿莫里已经认识到：

◎ 书是有趣并且值得用心品味的。如果我们仔细读一本书的每一页，我们可以发现并构建出其中所表达的意思。

◎ 书中使用的语言和我们所说的语言是不同的。在此次阅读中，阿莫里表现出对书面语言的规律性和节奏感的认识，以及对学习文学措辞手法的期待（"很久以前，它们一起走向森林"）。

◎ 插图和文字相互配合，表达一个连贯的意思。阅读者必须仔细观察插图并思考它可能要表现的内容，但同时还要兼顾并阅读旁边的文字。早些时候，阿莫里只会"阅读"这些插图而忽略了文字的存在。现在，他至少知道故事就在这些文字里。

◎ 当我们阅读书页上的黑色符号时，我们按顺序从第一页往后读，先读左边的一页，然后是右边的一页，我们的眼睛从左向右、从上向下看。这种阅读的空间感意味着巨大的进步。

◎ 阅读时说出的话语需要有所停顿，以匹配书上的符号标识（我们所说的单词在用文字呈现时，它们之间都会出现空白间隔）。

◎ 书有不同的体裁，有一些文本是有规律可循的，呈现出一种特有的风格，而阅读这些文本需要明白其中的规律。

看到阿莫里阅读这本大开本图画书的尝试之后，他的老师兰迪·博默认为应该看看他在写作中呈现的单词组拼状况，确认阿莫里是否会受益于有关说话和单词、字母和发音之间对应关系的专门练习。他在读自己写的作品时能否指着文字正确地念出内容，做到一一对应？结果可能会显示阿莫里很快就能开始正统阅读了。

对于大班和一年级的老师来说，认识到这一点至关重要。正如玛丽·克莱所说："意识到文字的属性以及发音间隔的对应关系是认识书面语进程中的最后一步，而非起点。"她继续解释道："学生学会使用字母和字音对应的规则通常被认为是阅读的开始，可是在这之前，学生必须完成关于书面语言本质的概念认知。"和妮可一样，阿莫里正准备蜕变成一个正统阅读者，而其他的学生则需要我们给予更多的帮助。

同时，克丽丝特尔正在阅读普林斯·雷德克劳德（Prince Redcloud）的一首诗。她手持诗卷，大声读了出来：

结束了，烧烤，

结束了，骄阳，

结束了，我们胜利的赛场。

结束了，野餐，

结束了，池塘，

结束了，夏日时光。

开学了。

就像阿莫里和妮可一样，克丽丝特尔是个启蒙阅读者。若非她之前反复听过并且和全班同学一起诵读过这首诗，她就不可能读出这首诗。

共享阅读（shared reading）是由唐纳德·霍尔德韦（Donald Holdaway）提出的一种阅读方法，这种阅读方法试图将父母给坐在他／她腿上的孩子读故事这种阅读形式所具有的优势引入课堂。比如，一个父亲反复地给他的孩子读一本书，一边读一边指着书上的单词，这个孩子双眼盯着书上的文字并在会读的地方跟着读出声来。父母和孩子可能会中途停下来，一起讨论故事情节以及里面的文字。"看，帕特（Pat）。这里写着 Pat the bunny（摸摸兔子）！是你的名字。"老师可以利用大开本的图书或者被放大的文本材料（可以是写在大本活页纸上的一首诗或者一首歌）以及一根教棍带给学生类似的阅读体验。学生得以建立作为共享阅读中的一分子的身份意识。

在开学的第一天，克丽丝特尔的老师特蕾莎·卡卡瓦莱在集体活动区的展示架上挂了一张塑封纸，上面是一首普林斯·雷德克劳德的诗。那天早上，一个个家庭进入教室后，很多人都站在展示架前读起了这首诗。特蕾莎随后大声朗读了这首诗。读完后，赫谢尔举起手说："这很押韵。"全班又听特蕾莎读了几遍，并跟同伴一起找出押韵的词：cool-pool-school, sun-won。

"我大班的老师会在押韵的单词下面画一条线。"杰西说道，显然她很喜欢特蕾莎这么做。特蕾莎问道:"你们愿意跟我一块儿读吗?"

很快下面响起了一片混乱的读书声,特蕾莎立马露出一个满脸痛苦的夸张表情。"如果我们各读各的,这首诗听起来就会乱七八糟。让我们再来一遍,保持一致,这样才能读好。"特蕾莎指着单词,学生们跟着读,两三遍之后他们差不多读整齐了。那天,他们将这首诗读了十二遍。第二天,他们开始用更有创意的方式来读,先是这拨学生读一段,接着另一拨学生读下一段,最后他们还配上了手势动作。第三天,全班一起给其中的单词进行了同义词替换,接着他们遮住了一部分单词,猜测遮住的这些单词是什么。那天晚上,每个学生都将这首诗带了一份回家,在其押韵的单词下画上了横线,并在诗中找到一个他们想要一直学习的单词,还为诗配上了一幅画。在这之后,克丽丝特尔和同学坐在一起,正如阿莫里和妮可一样,她还不能进行正统阅读,但她是一个快乐且自信的启蒙阅读者,并正在努力提高自己的阅读技能,有朝一日她就能像她的同学一样进行正统阅读了。克丽丝特尔几乎一字不差地读完了这首她熟悉的诗。在一个旁观者看来,她似乎已经是一个正统阅读者了,但实际上,她还有很长的路要走。学习普林斯·雷德克劳德的这首诗的过程教会了克丽丝特尔很多重要的阅读知识。她能够看着文字从上到下、从左到右阅读了。她对单词、字母和间隔有了一定的概念。她可能已经认识了一两个单词。所有的这些,就像阿莫里和妮可所学到的一样,都是极其宝贵的。

不应急于要求每个学生尽快做到正统阅读

很多的大班甚至一年级初期的学生阅读刚刚起步(或者假装能够阅读),对此老师可以有几个选择。我们可以想尽办法让他们尽早结束这样的阅读状态，不惜一切代价，让全班学生在"阅读"的时候口中所出能符合或者大致符合书上的内容。即便学生还没有获得进行正统阅读所需的知识和技能，如果我们给他们提供一些简单、规律性明显、重复性强的图书，如果我们先给他们读一遍（或者给这些书加上一些明显的提示，效果和读过一遍一样），如果我们让学生一遍又一遍地重复读一个文本，我们依然可以让他们看上去像是正统阅读者。虽说克丽丝特尔在那首诗上的努力颇有成效，但是看见老师只将读对与否作为评价启蒙阅读者的唯一标准，我深表担忧。让我同样担忧的是，我发现如今越来越多小学老师在重压之下过于紧张，以至于要求四五岁的学生阅读时要做到一字不差，为此，他们不惜降低所有阅读内容的丰富性和复杂程度。对这些学生而言，阅读只是用手指着熟记于心的重复性内容而已。

　　站在大班或者一年级初期的教室中，环视四周，我们会发现一些学生正在谈论和思考一本关于长颈鹿的书，而另一些学生正在反复吟诵已经记得的内容。很多老师会对那些能够准确再现文本内容的学生给予高度的赞赏；还有些老师，比起学生在阅读一些熟悉或者不熟悉的书时自创了什么内容来配合书上的插图，他们更看重的是学生能否准确地重读（读第二十遍）——"棕熊，棕熊，你看到了谁？我看到一只棕熊在看我。红鸟，红鸟，你看到了谁？"或者"结束了，烧烤，结束了，骄阳"。问题是，即使一个学生能够准确地念出"棕熊，棕熊"或者是"结束了，烧烤"，也不一定就意味着他已经踏上了正统阅读之路（这也是为何二级或者 B 类图书被认为是预备级的读物）。这样的学生可能并不知道故事是如何发展的，以及书本内容有何意义，也不知道阅读者可以自我判断，"那听起来对吗？"与此同时，将自己念出来的内容与书上的字母进行对照。这样的学生可能并没意识到书面用语和日常用语的区别，对何为单词、何为字音字母对应也缺乏应有的认识。如果我们坚持足够长的时间，学生的确可以正确念出文本的内容，但这并不一定意味着他们能够做到正统阅读。重要的是，我们应该静坐一旁，切实地去观察他们阅读的时候都在做些什么。

我建议我们重新审视这样一个问题：什么才是严谨而富有挑战的？我们需要意识到，与反复吟诵"我看到一头牛，我看到一头猪……"相比，构建一个完整连贯并具备几大故事要素且符合插图的故事更有难度，也更能激发学生的智慧火花。

当然，对于刚起步的阅读者来说，有机会反复阅读简单又易于记忆的规律性文本很重要。孩子们喜欢一起诵读他们所熟悉的富有节奏感的诗歌、歌曲以及大开本图书，就像一个合唱团一样。与此同时，一旁还有人——老师或者同学用教棍指着相应的内容。大班初期，对大多数学生而言，在共享阅读环节学习字母和常见单词还为时尚早。如果学生还没有为自己的画作附上自己版本的单词拼写，那么他们也不会注意到在 rabbit 里面有两个"b"！尽管大多数学生的阅读才刚刚起步，他们依然可以从共享阅读中学到非常有用的东西。比如：读书是从左到右、从上到下、从前到后读的，并且前一页和后一页的内容是紧密相连的；书中的文字都有其含义，插图与文字的内容呼应，有些书还有其专属的歌谣、节奏和韵律。他们可以像小孩子用辅助轮感受骑车那样去感受阅读。

作为老师，只要我们的重点不在某个字母或单词上，比起学生很快就能阅读的简单文本，采用一些更具难度的文本作为共享阅读的内容也是可取的。不久后（或者就在当天的某个时间），我们可能又想把共享阅读作为一个集体讨论的契机，教孩子们学习一些高频词（比如我、看），或者字母（比如 m），或者一些拼写的规则（比如 at、cat、sat）。出于我在本章后面提到的一些原因，如果我们在共享阅读时想要教一些文字方面的内容，那么所使用的文本难度要考虑到启蒙阅读者的水平。总之，不管如何选择，只要我们反复跟学生一起读这些大幅文本，他们很快就会吸收，并在自由阅读时间重读这些文本。这样的阅读对大班和一年级初期的学生来说很重要，也是值得操练的，但是一字不差地重读一个文本，并不意味着它就优于一个孩子对一个复杂故事磕磕绊绊的阅读。

一年级如何起步

我还想进一步表明，一年级老师最好提前考虑到，在一年级刚开始的前两三周，很多学生还会表现得跟大班时期的启蒙阅读者一样，而有些学生则会通过记忆中的内容阅读文本，并试着认识一些初级读物中的单词。为何我不让刚跨过一年级门槛的学生直奔正统阅读的目标（禁止他们继续在阅读熟悉的故事时自己编造一些内容，而是直接从认识初级读物中的单词开始）？以下是我给出的几点理由。

◎ 对刚进入一年级的学生说"一年级跟大班完全不同"这类的话毫无意义。我们希望学生能够将他们在大班所学都带入一年级，包括他们对自我积极的认识——我知道，我会做！这样更有利于学生的幼小衔接。我们为何要告诉学生我们在一年级教的东西和大班截然不同？更好的做法是连贯地过渡。

◎ 如果学生在大班阶段已经开始学着在阅读过程中创编和插图相配的故事，那么我会鼓励他们"继续这样读下去"，因为这对他们随后将要迎来的文本学习有着关键的促进作用。

◎ 我们希望学生在阅读过程中能够获取丰富的知识。纵观课程，我们希望学校的一日活动的方方面面都能为学生提供资源来促进他们的发展。九月，在互动式写作、共享阅读、写作工作坊、单词学习等活动中，我们重点关注阅读的文本内容。独立阅读工作坊和大声朗读能够让学生感受到阅读是要理解文字中的意义，文字听上去就像一门语言——书的语言。很快地，独立阅读就会像共享阅读一样，成为学生学习字形以及字义的方式。不要在入学之初就让学生置身于一堆分级读物之中，我们的首要任务是提醒他们更重要的信息：语言是有意义的，当你在阅读时，需要用大脑去思考。

◎ 当我们评价、教授以及引导学生进行阅读时，让他们感受到阅读的目的、愉悦感以及自主性是非常重要的。如果我们强求孩子过早开始，那么一些学生会在日后的阅读中表现出过度依赖和谨小慎微。更明智的做法是在此之前给予更多的空间使学生放松，逐渐展现其学习效果。

◎ 在帮助学生进行正统阅读之前，我们需要细致评估学生的阅读状况，以便提供有针对性的支持。这可能需要进行几周的评估和制订教学计划，这些都是提升一年级学生文字阅读水平必须要做的。

怎样预估学生阅读情况

在整个大班及一年级的前几个星期里，我们都会鼓励学生投入阅读当中，并且体会其中的意义和快乐。我们的班级图书区包括：

◎ 环境性的文字（标签、图标、班级新闻、歌曲、食物标签、照片下每个成员的名字等）。

◎ 反复吟诵的诗和歌曲，其中有一些是写在大开纸上的（理想的情况是，包括一些上学年使用的文本，还有包括班级主题歌在内的功能性文字），也有一些功能性文本充当共享阅读的资源（如字母表、姓名墙、日程表等）。

◎ 可高度预测的、架构性强的阅读材料，例如"小小书（little books）"。一旦第二研究单元开始，我们会对很多这类的材料进行分级（参见本书第二章内容）。

◎ 共享阅读时使用的大开本图书。这类图书往往能够被放在展示架上或摊开在地毯上供学生独立地重复阅读。

◎ 非虚构性读物、杂志、小册子，还有与班级及个人研究或兴趣领域相关的地图。

◎ 按照作者、题目、人气最高、主题等分好类的优秀儿童文学作品。

◎ 学生自己的写作成品。

◎ 其他针对启蒙阅读者的图书（有些可能分类，有些则没有）。

我期望学生能够以一系列不同的方式进行阅读。

◎ 所有的学生都是读者，只是有些是正统阅读者，有些尚是启蒙阅读者。

◎ 有些学生会借助图片来讲述重复听过的复杂故事书（如《卖帽子》）。

◎ 有些学生会诵读那些词句重复性强的图书，如比尔·马丁

（Bill Martin）的《棕熊，棕熊，你在看什么？》（*Brown Bear, Brown Bear, What Do You See?*），或是乔伊·考利（Joy Cowley）的《洗刷刷太太的农场》（*Mrs. Wishy-Washy's Farm*），还有一些诗句，如"结束了，烧烤，结束了，骄阳"。这种诵读还常常出现在学生已经熟记于心的儿歌当中。

◎ 学生会反复阅读自己及同伴的作品。

◎ 他们会根据书中的剧情进行表演，甚至会绘声绘色地模仿书中角色的声音，并配以音效。

◎ 针对多种不同的体裁，读到不熟悉的文本时，他们会依据图片自编故事、清单、儿歌。

◎ 他们会为了学习而认真研究图书。这类图书可能是描述长颈鹿、瀑布的非虚构性读物，也可能是任何其他的书。他们可能会研究插图，例如针对一个动物学校家长来看孩子们表演的插图，他们会细致地去配对，看哪个动物家长来看哪个动物宝宝的表演。

◎ 他们会阅读和使用教室里呈现的文字（标签、范文、日程表等）。

支持启蒙阅读者的见面辅导

孩子们涌进教室的那一刻，就是我们鼓励他们阅读的开始。积木通常是整齐地放在柜子里，数学操作材料也收纳得当，寄居蟹像往常一样缩在壳里，而班级图书区角落的孩子们，也像栖息在隐蔽处的帝王蝶似的，被周围打开且迷人的图书诱惑着。有些学生会搜索自己熟悉的故事并"反复阅读"那些经典作品；也有些学生则像真正的读者一样，借助各种提示来阅读自己能应对的难度级别的图书；更有一些学生会阅读威斯敏斯特（Westminster）《狗秀》（*Dog Show*）的目录，在形色各异的不同品种的狗中做出选择。

参加我们项目的所有班级通常在九月份开始独立阅读工作坊。老师们会提供大量的材料，说"去读吧!"，而后观察学生们的行动。让人不安的事实是，阅读材料无法吸引所有学生。刚开学的时候，总会有孩子一坐到阅读区的地毯上看书就无精打采。当我走近五岁的山姆时，他正在翻看一小堆的图书，仿佛它们都没有什么看头似的。其中被他推到一旁的一本书是史蒂文·凯洛格的《我可以收留他吗?》（*Can I Keep Him?*）。我从那堆扔弃的书中取出那本书，说："嘿，我喜欢这本书。我们可以一起读吗?"与此同时我把书放在了山姆的手中（因为我倾向于激励小读者们和图书建立紧密的联系，所以我会克制自己从孩子手里拿走书的冲动）。我开始观察山姆下一步的举动。他随意地翻到了书的中间部分，然后左看看右看看。

"我看书的时候喜欢从最开始的地方读起。"我说，"从封面这里，看看标题。"我指向一幅图片，上面是一个小男孩在温柔地抚摸一个巨大的动物。这个男孩和动物似乎是在极地附近的冰山上。我指着画中最明显的巨型动物，用仿佛刚刚发现的语气说："啊?"我看着山姆的眼睛，传达着讯息："你怎么看这个?"

山姆说："它很大。"

"是呀!"我补充着，然后将手指挪向那个男孩。"看起来这个小男孩很喜欢它，对吗?"我最终希望山姆能够阅读上面的字，但是开始的时候他需要读图，并借助图片思考和表达。这一点很多两岁的孩子都能够做到，但是到了大班反而很多孩子因为惧怕上面的文字而不愿意这么做了。我将会尝试着展示山姆能够使用的阅读策略。现在，我开始指着文字说："哦，瞧呀，这里说的是'我可以收留他吗？'这正是书的名字。"接下来我跟山姆说："我很好奇这本书到底是关于什么的。"仿佛我才第二次看到这个书名，以及男孩和巨型动物的图片，并刚开始从中推断书的内容一样。

我希望山姆能够说点什么，所以我停顿了一小会儿以便给他点时间，但是他依然安静。我等待他把书打开，他却只是顺从地坐着，所以我就继续下去，尝试把山姆已有的经验和这本书联系在一起，以便他能够形成一个故事会是怎样的想法。"所以这个男孩在抚摸这个巨大的动物……而这本书的名字又叫'我可以收留他吗？'，嗯……"我等待着，但山姆还是沉默。"你觉得这个男孩会想要一个宠物吗？"山姆静静地点头。"是吗？他想要这么一个大家伙呀！"我说着，就像是山姆建议这么做似的。"你真这么想？"山姆继续点头。我继续表现得就像这完全是山姆自己的主意（而不是我的）。"真是个好主意呢，山姆！那让我们看看是不是这样。"山姆打开书翻到了下一页。"我喜欢你每次只翻一页，"我赞扬道，"我也是这么做的。先是封面，然后下一页。好了，我们看看吧！"我看着山姆目光所及的地方。我可不能想当然地认为山姆理解了阅读的空间顺序。如果他并非从左往右、从上到下地"阅读"，那么我就会在此刻以及后续的写作工作坊中对他进行有针对性的指导。

大声读，重复读，并鼓励启蒙阅读者做同样的事

我的同事和我一直都笃信一种传统的阅读策略，这种策略能够吸引启蒙阅读者对图书感兴趣，也能激励他们作为"读者"积极和投入地阅读。这种策略就是我们给孩子们朗读。我们给孩子们读那些最佳

的儿童作品，读那些让人挚爱的作家们努力给孩子们创作的、述说真谛甚至能够改变世界的图书。我们读那些孩子们反复要求再读一遍的书，比如梅姆·福克斯（Mem Fox）的《考拉小璐》（*Kaola Lou*）、比尔·马丁的《鬼眼树》（*The Ghost-Eye Tree*）、汤米·温格尔（Tomi Ungerer）的《克里克塔》（*Crictor*）、唐·费里曼（Don Freeman）的《小熊可杜罗》（*Corduroy*）、伯纳德·瓦贝尔（Bernard Waber）的《伊拉去借宿》（*Ira Sleeps Over*）、玛格丽特·怀兹·布朗（Margaret Wise Brown）的《逃家小兔》（*The Runaway Bunny*），以及各种各样的童话故事。我们并不把阅读范围局限在那些孩子很快就能自己阅读的书上。有些孩子在家中也能在阅读和写作方面茁壮成长。他们的父母会反复读那些他们喜欢的故事，而孩子们会转而读给自己的泰迪熊或者是弟弟妹妹听。有些孩子会指认并命名图片——"小狗！""下雨啦，下雨啦！"最终，听了若干遍这些故事的孩子通常会自己编写故事，他们的编写非常具有文学色彩，很像这些读物本身。我们会仔细检查他们是否真正走出了听读本身，学会了自己阅读。

　　当然，孩子们坐在自己弟弟妹妹跟前讲述自己创编的充满想象并颇有些文学色彩的故事这种事并不少见。而且你瞧，他们开始阅读文字了。能够自学阅读的孩子或许有些例外，但是他们阅读的路径——从指认并命名图片，到有点儿故事意味的讲述，再到关注文字的阅读——是所有启蒙阅读者都值得经历的。在大班和一年级的九月阅读时段里，我们会小心谨慎地筛选和朗读几本经典的书，基本不需要等待太久就会听到"再讲一遍吧！"的声音。第三四次朗读的时候，孩子们的听已经发生了转变，他们和朗读的老师"共同创建"朗读的体验，预测故事节奏的变化，并且更多地笑出声来，俨然已经沉浸在故事中了。伊丽莎白·萨尔兹比建议道，我们甚至可以在一两周内重复阅读这类孩子们喜爱的书籍，而后像那些明智的父母做的那样，可以在阅读时段不再考虑这些书，而是把它们留给孩子们自己读。

在很多大班和一年级的教室里，我们总是从那些我们能找到的最容易吸引人眼球的书开始读起。我们有时可以使用标有"永恒经典"字样的金色印章在我们频繁重复阅读的书上做标记。我们可以把这类"永恒经典"的图书放在一个特别的筐里，让它们至少暂时成为班级图书区的推荐重点。在每天的阅读工作坊中，不少老师先让孩子们阅读这类图书大概十到十五分钟，而后再进行自由阅读。在大班和一年级最开始的几周里，孩子们会在自选阅读时间使用本章之前已描述的不同方式阅读。

了解启蒙阅读者的发展

伊丽莎白·萨尔兹比曾描述过十一种启蒙阅读的方式（准确地说这些并不是分阶段的阅读方式。孩子并非平稳地从一个阶段挪至下一个阶段，而是在同一时刻使用多种阅读方式）。这十一种方式可以帮助我们进一步认识处于启蒙阅读阶段的孩子所呈现的行为，让我们更进一步意识到其中丰富的教学机会。概括来说，萨尔兹比的研究发现，在两周的时间里朗读过《小熊可杜罗》之类的绘本四五次之后，不少中大班的孩子会以学步的小孩子的方式阅读。他们翻开书本，说出画面上物品的相关名词，有时会加上自己的评论。一个处于如此水平（水平一）的孩子可能会这样来读《小熊可杜罗》的第一页："小熊，人们……他好胖！"我们可以这样延伸："是呀，这只小熊好像在架子上等着，不是吗？人们在购物。"孩子会很快被画面上的动作吸引：

"人们在走路，在购物。"水平三则是一个重大飞跃，萨尔兹比将其称为"对话式的口头故事讲述"。这样的命名很好理解。"小熊在上面，在商店里，瞧呀，这里有人在找他。看，快看，在这里他们就会找到他了。嘿，她就快找到了，她找到小熊啦！"孩子们讲述一个故事，通常就是根据自己面前的图片，使用的是现在时态。

下一个大飞跃发生在水平六和水平七附近。如果我们闭上自己的眼睛，听处在这两个水平上的孩子讲故事，我们会相信孩子是在读而不是讲故事了。故事可能并不会那么复杂精细，但它的文学性要强很多。以之前提到的妮可读《卖帽子》为例，某种程度上她的阅读听起来文学性强些，因为她使用了过去时态，这通常是写作记叙文时会用到的时态。

和萨尔兹比类似，玛丽·克莱描述了启蒙阅读的几个阶段，她同样认为当孩子自己创编文本时，"这种向'像书一样讲述'的过渡是学习过程中非常重要的一步"。虽然水平六和水平七听起来像孩子在读文字，但其实只有到萨尔兹比描述的水平八时，孩子似乎才意识到文字包括字词。孩子可能会说："我读不了，我不认识这些字。"到了水平九，孩子才会将自己所读的和书面文字真正联系起来。她会复述故事的某一页，然后看到自己刚刚读过的其中一个词。"嘿，我认识这个！"这个孩子说道。虽然之前她可能已经可以完整地叙述整个故事，但现在，她看完整个文本后可以从里面挑出她认识的单词"他"和"妈妈"等。此时作为结果的文本已经没有了最初的意义，但是却清晰地展现了这个孩子有意识地跟进文字、寻找和发现认识的单词以及识别文字的特征。在一个阅读环节中，同样的孩子可能会一个接一个字母地拼出更长的词汇，还会费劲地自创无意义的词汇。而在另一个环节中，这个孩子会回归到水平七的丰富的、尝试性的故事创编中。就像克莱描述的这个阶段,"接下来是个非常重要的过渡阶段,这需要大量观察的经验。这个孩子将会整合他创造句子、记忆部分文本、依据图片猜测意思、凭借形状认识字母的能力。在一系列的动作中将所有的线索联系在一起,他就会开始逐字做出回应了"。

从启蒙阅读向正统阅读过渡

我们帮助孩子们进行正统阅读,是从启蒙阅读和语音开始的(参见《如何有效运用阅读教学策略?》),加上写作工作坊中积极有效的教学,还有帮助他们阅读精心挑选的图书上的文字(参见本书第二章)和环境中的文字,当然还有进行大量的共享阅读。

需要格外注意的是,如果我们给大班的孩子足够的机会并支持他们启蒙性地或尝试性地阅读很棒的故事书,同时让他们深度参与写作工作坊以及与文字相关的工作,大多数孩子是不需要在"小小书"阶段上拼命努力的。伊丽莎白·萨尔兹比的研究表明,一旦孩子到达启蒙阅读的水平十一,如果他们可以使用自创拼写创作出成人能够解读的作品,并且自己能够在关注意思和文字的情况下来阅读自己的写作时,这其中的大多数孩子都可以阅读我们第三、四级或更高级别的书籍,哪怕其中可能包括梅瑟·迈尔(Mercer Mayer)的《只有我和我的小狗》(*Just Me and My Puppy*)、威廉·乔伊斯(William Joyce)的《乔治缩小了》(*George Shrinks*)以及约翰·斯塔德勒(John Stadler)的蜗牛系列《蜗牛拯救了一天》《为河马欢呼三次!》(*Snail Saves the Day* and *Three Cheers for Hippo!*)。另外一些学生,也依然能从级别一或更常见的级别二图书中(水平三或四,C或D),根据自己的状况受益。这些学生也不太容易受阻,他们将会花上一段时间攻克这些图书，并最终准备好从启蒙阅读转向正统阅读。

阅读工作坊的管理是什么样的

我已经从学生做什么而不是教师做什么的角度，描述了大班和一年级早期阅读工作坊中我们所做的第一个研究单元。这并非偶然。特别是针对年幼儿童，通过提供特定的材料、合理安排时间以及开展相应活动，我们促进其呈现最佳的状态，并从特别的角度对其进行观察。除此之外，我们还会通过建立班级常规及上迷你课的方式来教学。所以呢？你可能会问，大班及一年级的阅读工作坊中有什么常规？

我们项目组的不少老师在大班和一年级的开始都会非常重视经典故事，在班级图书区的展示书架上放置多个副本。如前所述，还有些老师会在每天开始阅读工作坊时请学生们去重读经典，之后再安排自由阅读。（很快，我们会提供分级阅读书目，不过还不到时候呢！）老师还将阅读时间分成了自主阅读时间及同伴阅读时间两个部分。有时先自主阅读，学生可以独自重读经典；有时先同伴阅读，同伴之间相互去"读"挑选好的经典图书。我们也会询问学生自主阅读时是否需要成人在旁边。我们也会带领学生集体讨论：自主阅读时，如果读完了所有的书，还可以做什么（比如返回去重读一遍，再找一本书，找找书中喜欢的部分，等等）。我们还会一起讨论同伴阅读的乐趣，展示同伴如何合作阅读以及辅导学生如何进行同伴阅读（参见《如何创设适宜的阅读环境与课程？》）。在学年初，我们不太关心同伴阅读时是否有针对内容的讨论，我们更感兴趣的是，他们是否在给对方读、一起读、轮流读、分角色读或是重复读（一个学生先读几页，他的同伴重读这几页，两人一起努力"读得流利"）。毕竟，在最初阶段，能够将一本书从头读到尾对孩子们来说非常重要。在阅读过程中，过多的讨论将会干扰学生，让他们忙于评价作品而非去体验和建构文学作品。而在同伴阅读状况下，我们也不希望同伴关系阻碍学生通过自己的思考去理解作品。当然，我们会在不久的将来教孩子们阅读—讨论—阅读，但是现在，我们还是更多地强调学生只是简单阅读（当然，这里也包括假装在读）及共享阅读。

在开学前几个月里，凯茜执教的一年级学生，不论是自主阅读还是同伴阅读，都坐在自己的座位上。以前，凯茜认为自己是个强调角落阅读 ① 的老师，总是希望学生阅读时能够感觉舒适并且有互动。几年后她才意识到，各个角落给学生阅读提供了过多的空间。"这听起来很奇怪，但是，我感觉现在的安排更舒服，我能观察得更全面，因为这回他们都坐在同一个平面。"凯茜说，"学生在地面上打滚的概率更小。只需要快速环视，我就能通过他们的坐姿判断出他们是在讨论书还是在讨论别的什么。"

学生应该坐在自己的座位上阅读，还是散落在各个角落里阅读，这类的细节问题也很重要。我们只有不需要持续监督学生阅读时，才能对一部分学生进行评估或进行当面的辅导，组织指引性阅读环节或是上一节阅读策略课。那么在大班教室中会如何呢？凯茜的一年级班级管理模式是否适用于刚进入大班的这些学生呢？

我并没有答案。在开学初的几个月，我们项目组一些非常优秀的

---

① 角落阅读指的是，让孩子们自由选择舒适的地方（可以是班级里不同的角落）去进行阅读。

大班老师也会使用不同的方法来建构学生的自主阅读。在我看来，有些问题依然悬而未决。究竟是按部就班式的，先进行自主阅读，而后进行同伴阅读（安排的是长期稳定的伙伴），还是安排一个二十到四十分钟的阅读时段，在这个时段里，学生可以从自主阅读切换到同伴阅读？还有，对于学年初的大班学生来说，是拥有一个自己的小书盒，存放一两本他们重复阅读的经典图书、一些他们熟记于心的文本或是一两本学习用书等，还是考虑到教室墙上以及架子上的文本颇多，欢迎他们浏览一遍这些环境中的阅读文本，在地毯上趴着看一本大开本图书，站着读一首歌曲，指着念一遍星球名称列表，然后再来一本熟悉的故事书或是图画书，这两种方式哪种会让他们更为受益？

在整个大班阶段，我们的目标之一是延长学生的专注时间，不管是读一系列的书，待在一个地方，还是和伙伴一起。如果确实有那么一段时间，孩子可以在丰富的文学作品中漫步的话，那应该就是大班早期。我认为，大多数经验丰富的大班老师在开始时都会优先选择较少束缚的结构形式，然后逐渐增加规则。也有一些老师在大班开始时就建立较为严格和有序的规则，这类规则与一年级教室里的规则比较类似。我会在接下来的章节就这些规则做更多阐释。无论哪种方式，随着时间的推进，所有的老师都应通过合理安排，帮助学生向正统阅读过渡。到了一月，在参与师范学院阅读与写作项目的大班教室中，学生通常都已经习惯了长时间使用阅读盒子，以及自主阅读和同伴阅读。

下面这些是让许多教师受益的管理方法。

◎ 我们最终会每周安排一个时段，让全班或是一组学生去班级图书区为新的一周筛选新书。这些书将会被放置在学生自己的阅读盒子里。

◎ 我们最终会让全班学生一起先进行自主阅读或是同伴阅读，而后切换。有时候从自主阅读开始，有时候从同伴阅读开始。

◎ 我们可以要求学生先读某一类型的书，而后再自由阅读。在大班及一年级的早期，我们可以要求学生在每次开始阅读工作坊时先读一本经典故事。当我们把这些书和"看看并讨论"的书、"一起唱读"的书、"看图编自己的故事"的书分开时，学生更可能通过这些经典图书培养启蒙阅读的习惯。而后的大班教室里，我们会请学生先阅读小小书，勒妮·迪纳斯坦称其为"学习阅读用书"。在一年级，我们很快会让学生把最多的时间花费在阅读属于他们能力水平或类似级别的书上。而后，学生会有更多的机会去自行选择他们觉得"刚刚好"的图书。

◎ 如果我们要引导学生阅读某个颜色或水平的书籍，那么最好的做法是在他们的盒子里放些透明的袋子，每个袋子里装五本书，让他们来选择一两个袋子，而非让他们完全自主地选择十本书来阅读。

◎ 学生知道自己应该坐在哪里进行阅读，他们往往会选择跟自己的阅读伙伴离得近的位置，哪怕是在自主阅读的时间。这样也能帮助他们很好地过渡，从自主阅读到同伴阅读时，他们只需要稍微挪动一下椅子就可以和同伴一起读书了。

◎ 学生可以把所有阅读需要用到的工具都放在阅读盒子里，包括便笺纸、铅笔、书签等。

◎ 放学后，老师对阅读盒子中的书进行增加或减少。或是作为礼物放一本全新的、适合该学生的书，或是拿走对他来说过难的书，并留一张纸条加以解释。

◎ 学生最终会将自己的阅读盒子带到集体讨论区进行迷你课的学习。在迷你课上，他们和自己的阅读伙伴坐在指定的地毯的某个位置，以便他们在学习中互动。

我之所以强调小学阅读工作坊管理，是因为我发现有时候有些老师的班级管理害得学生没办法进行阅读。很多时候，我看到大班或是一年级的老师，尤其是刚开学的时候，为了"安全"，让学生待在地毯上。"这样，他们可以在我的引导下做得更多"是这类老师的观点。直接让三十多个小家伙儿开始阅读，并且想当然地认为图书能够吸引他们的兴趣，这样的想法在九月是很有风险的。当然，有些担忧是合理的，比如我们对小读者们说"去吧"时，可能会给班级管理带来一些问题，但是就此向这种担忧低头并非正确的选择。每个我认识的阅读研究者都同意一个底线条件，那就是，每个学生每天都应在阅读上花些时间。要知道，就像孩子们在水里才能学会游泳一样，他们同样要通过阅读来学习阅读。

在刚开学的几周里，老师每天安排听故事的环节是非常重要的，不过，随后是时候勇敢地跟孩子们说"去吧"，让他们自己去阅读。

教孩子为自己安排丰富的阅读生活

我们常常惊讶地看到，当有了精美的阅读材料和时间时，孩子也能以读者的方式阅读很长一段时间。在阅读工作坊的第一周，老师倾向于提早一点结束，给孩子们留一些抱怨的时间："我们已经要停下了?”我们准备好利用这样的评价。将学生聚集起来后，凯茜开始提上一次她听到的抱怨："我知道你们都渴望有更多的时间来阅读。"她说道，"所以我在想，我们是否可以在一天中利用零碎的时间来阅读。"当天清晨，凯茜看到凯尔在读一本书。她把这件事在迷你课上提了出来："我今天早上看到凯尔迫不及待地冲向书，我就在想：'他和我一样呢！'因为我也会这么做。我会寻找一切我能挤出的时间来读书。我很好奇你们会不会像我和凯尔一样，在一天里找到额外的时间来读书?"当然，孩子们都齐声说："会。""你可以跟你的同伴说说，你惊奇地发现有哪些时刻可以用来读书?"凯茜继续说道。过了几分钟，她挑出了一些回答。

丹尼，一位启蒙阅读者，说道："去年，我会在自选时看看书。"

"多好的一个主意呀！"凯茜回应道。"我如果有自选时间，我也会选择看看书的！"

"或者我们可以带书去食堂，吃午餐时看书。"萨米建议说。

"好的，这是一个主意。只要我们不让食物弄脏我们珍贵的图书。"

在听了一两个孩子的分享后，凯茜结束了这次迷你课。她恳请孩子们留意一些读书的机会，并在第二天的迷你课上分享利用零碎时间读书的好点子。那个早晨的晚些时候，为了让可以挤出时间来读书这一观点更戏剧化，凯茜看了看钟表说道："我们在十分钟之后会去上体育课，现在我们来坐着等吧。"

"我们可以去看书！"孩子们恰好在这时回应道。

"没错！多好的点子！"凯茜回答。

很快，凯茜的学生们都学会了，在任何需要等待的时候，去取一本书。"今天我们要检查眼睛。"凯茜在第二天早上说道，"我们会在走廊里坐成一排，等待轮到我们。会有些无聊，不过在人生里的某些时候，我们不得不耐心等待。"不出所料，她的学生们上了钩，在等待检查的过程中，这二十八个一年级学生都在看书，而且他们对自己在走廊里看书这个计划得到实施感到很满意。

"在校外，你们曾经这样做过吗，在等待的时候看书？"凯茜问道。随即雷恩就报告说，他在朱迪医生的办公室里是如何边看儿童杂志边等候的。当然，大家发现，很多其他学生也去朱迪医生——一个深受社区居民爱戴的牙医——那里看牙，也是边阅读边等待就诊，而且他们看的是同样的杂志！他们都觉得那些杂志上的字读起来太难了，不过图片还是很不错的。

还有一些学生说起在坐车的时候自己也带着书看。"我可不想在妈妈去取干洗衣服或者买蔬菜的时候就干坐着等她！"埃米莉的发言得到了大家的认同。

"那糟糕的是你忘了带书怎么办？"凯茜问道，"有一次我在地铁上就是这样，不过好在我找到了一些可以读的东西。"她告诉学生她是如何开始读那些广告和标识的。"我还瞧了瞧其他人看的报纸上的大标题。"她坦白道。

在开学初的这几周，我们讨论：读者如何找到方法更多地阅读。教师可以提示学生：谁在等待过程中"阅读环境中的文字／图片"，谁把文字作为一种资源来利用了，谁发现酷酷的词汇并尝试读出来，谁会在玩耍日或是留宿朋友家时也不忘带本书。

阅读和自选时间

帮助学生"建构阅读生活"，这个目标将不仅影响我们的阅读工作坊，还将影响我们全天的教学。如我之前提到的，我们鼓励学生在等待及类似的时刻进行阅读，那么帮助他们在自选时间加入阅读也同等重要。

在每个大班及一年级教室里，我们必须安排时间来进行积木搭建、戏剧表演和绘画等。但是随着时间的推移，这些"自选区角"（我是这么称呼它们的）会发生一些改变。戏剧表演区可能出现了"三只小猪"的剧目；积木搭建区开始搭建城堡；娃娃家的主题会变成银行。整个星期里，学生都可能会在区角里进行讨论和计划。自选时间将以许多的方式支持读写的发展：

◎ 学生可以期待学校的课业是有趣的，他们来到学校积极参与活动。

◎ 学生有机会自己编故事，并且作为故事里的角色来说台词；"读"复杂的食谱；背魔法口诀。他们还可以充当述说人，创编新的场景，比如假装下雨了。他们还会安排时间："现在是第二天了。"他们以这些方式创造新世界，这些都是学生阅读工作的一部分。

◎ 当学生面临困难时（衣服盖不住娃娃的身体，盖好的房顶老是掉下来，胶水粘错了），我们可以教他们成为足智多谋的、灵活的、敢于冒险的问题解决者。当问题出现时，他们可以练习使用一个又一个的策略，而不是消极等待。很快地，当出现的问题涉及文字时，我们还可以提醒他们：曾经在其他方面遭遇困难时他们是如何解决的。

◎ 学生可以充分利用自己所学的内容。他们知道如何做一件事后，在其他自己不太熟悉的情景中，他们也依然可以即兴发挥，解决问题。

◎ 当努力在"银行"开账户时，当阅读一本涡轮喷气飞机的飞行手册时，当用一份想象的菜单来点菜时，当设计道路标识时，孩子们都在了解人们为什么需要阅读和写作。

◎ 孩子们在一起分享自己的所作所为时，他们通常会用过去时态持续性地叙述和表达。他们这是在创建自己的故事，其中运用了丰富多彩的语言。

我写这一章，是假设我提出的一些潜在原则已被广泛认同。我曾写道："当然，大班学生需要自己创设喜欢的故事的新版本；制作并命名自己搭建的积木作品；在戏剧表演时承担角色；一遍又一遍地聆听喜爱的故事；根据自己对发音和字母之间对应关系的最佳理解拼写单词；重读和修改他们自己写出的作品，并且不断增加内容和页码；重读一些他们熟记于心的文本……"我还曾说过：当然，我们应该期望大班学生在学年结束时，知道大部分字母及其发音；能够从左往右、从上往下地读；能够匹配单词及其发音；根据发音拼写出听到单词的大部分字母；能够轻松地阅读和书写十到二十个高频词……但事实上，在很多学校，老师们有了另一种顾虑，那就是，大班老师如果选择了戏剧表演、早期写作、积木或是朗读，就无法帮助学生学习字母、发音和高频词。在美国，常常听到那些大班学生不再有自选时间或是户外活动，因为他们把整天的时间花在上述的一些枯燥的训练上。我是多期待能够见到这些老师并且告诉他们，没有必要担心。帮助学生重新编写和表演一个熟悉的故事，和帮助他们在学习新词后使用它，两者并非相互排斥。

在我最为熟悉的纽约市的学校中，有很多大班教室因为呈现高质量的读写教学而被录像或参观。学生在这些教室里学习阅读和写作，但更多的是，他们学习热爱阅读和写作。在大班这一整年，学生需要学习将自己看成诗人、演员、研究者和词作家。大班学生能够学会在玩耍日、自选时间以及户外活动时间穿插阅读。非常重要的是，懂得重视儿童发展、会创设丰富环境的幼儿教师，能够成为孩子们从早期阅读阶段向小学正统读写阶段过渡的代言人、导师和课程引领人。我们需要根据早期阅读应有之义，即五官的感受，来帮助大家建立全新的、更为严谨的、充满愉悦的认知。

第二章

引进文字阅读（大班和一年级）

作为老师，有时我们很像马戏团里那个转盘子的人，总是想方设法地让长杆另一端的所有盘子都旋转起来。从一个盘子开始，接着是下一个再下一个，随后匆匆忙忙地回到第一个盘子前，确保它继续旋转。以这样的方法，我们让一个孩子开始，接着是下一个再下一个。与此同时，我们也从阅读的某一方面开始，接着是下一个再下一个。

如果大班到一年级的阅读工作最初的重点是帮助学生经常阅读，并且是理解性、投入性和愉悦性地阅读，但因为我们还希望将学生引向正统阅读，那么到某一时刻我们就需要进一步拓展重点了。我们希望学生使用一系列的阅读策略来阅读尚未接触的文本，包括思考故事情节（"这里怎么样才是合理的?"）、指认单词（"我见过这个单词或是这个单词的一部分吗?"）、理解字母与发音的对应关系。这就意味着，除了帮助学生研究图画和建构有意义的、连贯的、启蒙性的文本阅读，我们还希望学生留意文字阅读。从开学的第一天起，我们就通过字词学习、互动书写、共享阅读，尤其是写作工作坊，来支持文字阅读。但是，我们的课程聚焦文字阅读还需要一段时间（在一年级会发生在第一个月结束之前）。

如何决定课程何时聚焦文字阅读

"在这个教室里，我们会使用大家熟悉的字母和发音、思考故事和阅读书本上的单词"，当我们的集体教学传递这样的信息时，我们就会推动更多的学生阅读书面文字。我们的关注点会让一些学生突然意识到，他们以往一直进行的启蒙阅读还不够。大班老师需要特别小心地决定何时引入这样的集体教学信息。不少学生在四岁左右进入大班。即便是最严格的《新版小学标准》（*New Primary Standards*）也没有要求学生需要在大班结束前就进行正统阅读（虽然有的学生已经可以）。在大班开始的几个月里，我也许会让所有的学生进行启蒙阅读、共享性文本的阅读、自创拼写、自创作品的阅读、字词学习时间的自主探索、写作时的高频词运用、阅读时的深度讨论。我还会帮助部分学生进行正统阅读，但在十一月中旬至十二月初之前，我不会面向集体进行文字阅读的相关教学。当然，我们会依据现有学生的水平和我们所在的特定教学情境来做判断。如果一位老师决定在十月份引导大班的学生阅读初级水平图书中的文字，那么我需要强调的是，一定在一天的其他时段里给学生朗读大量的经典作品及优秀的新书。

如果我们催促那些还没有准备好的学生点读我们已经详细介绍的图书中的单词，他们也可以做到。但是，我也看到许多学生在阅读 B 水平图书时"撞墙"，对此我的个人推测是，我们还没有给予这些学生足够的机会体验书面语言的广泛应用。他们自己的写作、故事创编、启蒙阅读等也尚未准备充分。也因此，他们还没有站稳，无法应对变成熟练读者的长途之行。

进入一年级的第三周，我们中的大多数老师可能都会致力于推动一年级的学生进行更多的正统阅读（如果他们还没到达这一阶段的话）。以下是我们即将采取的一些做法：

◎ 评估学生的阅读水平，提供相匹配的文本。

◎ 预估学生应对不同水平的文本可能需要不同类型的帮助。

◎ 调整阅读工作坊的结构，保证每个学生每天的常规阅读量。

◎ 强调学生阅读文字时需要使用的策略。

◎ 系统地帮助学生每天阅读文字。

评估学生的阅读水平，提供相匹配的文本

无论这一研究单元在何时进行（是大班的十二月，或是一年级的九月份，抑或是其他任何时候），这部分内容都是非常重要的。我们要准备评估学生的阅读水平，以便给他们安排合适的、他们可能成功阅读的文本。我们会希望连续记录孩子的阅读情况。对于那些能够进行正统阅读的学生来说，这显得尤为宝贵。对于那些尚未达到该水平的学生来说，我们需要倾听他们对熟悉（而非记忆性）文本的阅读，还有研究他们的写作情况。

项目组的老师在准备这一研究单元的时候，倾向于收集几个预先筛选的、适用于评估的文本。如果不清楚孩子的阅读情况，我们可以依据学生的书写情况来判断其可能会轻松阅读什么样的一本书。给学生一本书时，我们说："今天我想和你一起读本书。我会先念出书的名字，简单说说这是个什么故事（展示图书）。它叫《麦克斯的盒子》（*Max's Box*），讲的是一个叫麦克斯的孩子，他非常喜欢表演。他有

一个大盒子，并总用这个盒子来表演。我喜欢这本书是因为我小时候也喜欢表演。你喜欢表演吗？（孩子回应）来，你拿着这本书吧。（指着标题，我们读）《麦克斯的盒子》。好了，你继续吧。如果你在读的时候卡在哪儿了，尽管大胆尝试，解决问题！"

在前面的章节中，我已经讨论过分析学生阅读记录的重要性。孩子阅读时，我们可以观察并记录学生处理文字的方式。我们还可以问自己：

◎ 从学生的语调判断，他能理解所读的内容吗？

◎ 阅读时，学生是否围绕所读内容对故事进行评论？比如："哦，这个部分很有趣！"他是否会根据插图进行预测？

◎ 面对困难时，学生是显得胸有成竹、自信，还是不知所措、依赖性强？

◎ 学生是否会觉察自己的失误？他依赖什么样的信息源？文字？意义？他会自我纠错吗？会尝试更多吗？

在努力识别学生阅读水平的过程中，我们往往需要先选简单一点的书。

学生应对不同水平的文本需要不同类型的帮助

有些学生尚未获得很多机会通过写作工作坊来体验自创拼写，对他们来说，那些单词与其说是有意义的字母组合，不如说是一些黑点和白色空格。我们可能（至少现在）应引导这些学生阅读第一组书（引导性阅读水平 A 和 B，或阅读恢复水平一和二）。在一段时间内，我们会鼓励他们在阅读时用手指点读。他们需要学习几个字母的组合代表了某一个发音，明白单词由字母组成。这些学生将受益于日常书写，他们还将受益于学习使用高频词。高频词的学习能够帮助他们在阅读出版物和自创作品时一一对应地识别文字。如果文本呈现"我看见这只狗"，学生认出了"我"和"这"，那么他倾向于准确指认，不管是第一次还是在自我更正时。

很快，我们想要帮助这些小读者们整合几个信息源（包括插画、句子的发音和单词首字母等），进行"交叉检查"。如果学生在阅读一本字句重复的书，在每一页都有"×× 来了"，后面的那页出现了机动车辆的图片，我们可以询问孩子："你觉得这个单词会是什么？"并引导他留意插图。而后返回到单词，我们可以协助孩子念："Here comes the＿＿＿"；手指单词"卡车"时可以说："这个单词的开头是't-r'，所以，它可能是什么呢？"如果孩子保持沉默，可以进一步提示"会不会是卡车或汽车？"假设孩子说"卡车"，我们可以追问："你怎么知道的？"或是说："确定吗？我们来看看。"以此判断学生是否理解字母的组成。

同时，尤其是今年或者（学生接受较好的写作工作坊、被鼓励着做启蒙阅读的）前一年，班级中的大多数学生以各种方式发展进步着。这些初级阅读者可能会乐意读书，并通过翻阅全书来理解文本的内容。他们会非常熟悉其中的一些单词，可能也会依赖这些单词。书中的图画及高频词能让学生快速掌握文本中规律性强的片段，而他们已有的字母、发音以及词组知识也会帮助他们掌握单音节字词。但是，在遇到其他的更具挑战性的字词时，这样的学生也会受挫。我们能够期望的是，他们能觉察到自己的阅读情况，并在阅读出现障碍时能暂停并尝试解决困难。而此时，他们也将需要更多的资源来多角度应对这种困难。

读者注定要犯错误，因此对字词理解和发音（"这个发音正确吗？合理吗？来检查一下"）进行监测非常重要。那些尚未有广泛听故事经验或缺乏机会构建自己的"启蒙阅读经验"的学生，在阅读时可能不会检查自己的理解，这是我们极为担心的根源。我们也希望帮助学生在阅读词汇时自我纠错（自我更正不只是因为理解不畅通，还因为书面呈现的文字不吻合自己设想的那个词的外形）。我们会期待学生说："它可能是 sleep（睡），可是它的开头是 b。嗯……"

我们也发现，有一些学生不属于前面提到的任何一个类型。比如，可能有的学生知道每一个发音却无法将其连起来形成有意义的单词。这种学生往往是畸形教学的产物，年幼读者在这种教学面前非常脆弱。一个能够读出音素的学生，他所在的学校可能主要通过音素练习来教授阅读。如果学生在共享阅读、朗读以及启蒙阅读上缺乏丰富经验的话，他们对阅读的理解可能会很奇怪。也有一些学生则是另一种教学缺乏的结果。他们可能在字母发音对应上没有经过专门的练习，当被要求读出书上的某个特定单词时，他们会看着画面自己编故事。故事可能编得非常精彩，但与书中的文字毫无关系。这类读者需要更为关注文字阅读。所以，纵观所有的学生，我们就需要注意他们使用什么样的信息资源和策略，以及他们拒绝使用什么样的信息资源和策略。

保证每个学生每天的常规阅读量

一旦我们完成对学生的评估，就是重视文字阅读工作的时候了，修改阅读工作坊的框架和目标就是我们要做的很重要的一件事。我们希望确保每个学生花一定的时间（对于一年级学生而言，我觉得应该是每天二十至四十分钟）阅读优秀作品中的文字，打下坚实的基础，并很快学习处理不熟悉图书中的文字。很多一年级的老师将启蒙阅读安排在去图书馆时段和自由活动时段，或是在一天开始的时候做这件事。大班的老师可能会告诉孩子："每次的阅读工作坊，我们都要先阅读这些书（我们可能称之为'学会阅读'类的书，或者'正好合适'的书），之后可以换任何你自己选择的书。"已经准备好识字的大班孩子会选择花更长的时间阅读这些简单的小小书，但那些尚不具备正统阅读能力的孩子很快就会失去兴趣。如果后者无法切换到熟悉的文本、具有很多插图的图书，或者无法和成人一起阅读，那么他们可能会逐渐失去阅读的兴趣和意愿，而这是我们最不想看到的结果。

　　领着孩子实现从着眼于启蒙阅读的工作坊到专注于分级图书文字阅读的过渡，老师需要面对一系列组织上的挑战。我们可以和孩子进行一对一的谈话，告诉他们："在一年级，我们每天花时间阅读文字是很重要的。我觉得，阅读这个筐里的书，你会有更大的收获。你注意到那个绿色（或黄色，或蓝色）的点了吗？"我们既可以单个地为每个孩子挑选图书，也可以和他们进行上述讨论。去年九月，为了提高效率，凯茜和我决定对她一年级的学生进行分组。我们知道，这样做的风险是在阅读水平上形成等级感，但我们也清楚，任何一种匹配孩子和图书的方式都伴随这一风险。今年，我们决定坦诚面对读者和图书之间的差异。开学后的第三周，凯茜邀请六个孩子和她在班级图书馆见面，进行简短的沟通。所有人一起围坐在地毯上。凯茜的面前放着一筐书。"记得上周我和你们一起阅读的事吗？"

　　"记得。我们读的是马克斯的书。"丹尼尔说。

　　"是的，我也是。"埃里克斯随声附和。

"嗯，我意识到一件事。我意识到，作为读者，你们很相似。这是不是很酷？"

"什么叫相似？"安吉莉卡问。

"就是类似。"萨米说。

"安吉莉卡，在这个情景中，它的意思就是，在这些日子里，你和其他同学进行着相同类型的阅读。它也意味着，同一类型的书能够帮助你们变成更为强大的读者。"

"在大班的时候，我和兰斯顿是阅读伙伴。"埃里克斯说。

"所以你们在大班的时候也很相似？"凯茜问。他们看着彼此，笑了起来。"好吧，我想了想你们的情况，有些迫不及待地想向你们展示这筐书。我就是知道，在阅读时间，你们可以从这个筐里找到你们想要的书。"凯茜从里面抽出一些书来，大声读出书名。"我喜欢这筐书，"凯茜说，"这里头有这么多很棒的书。"

"嘿，所有书的封面上都有红点。"萨米注意到这个细节。凯茜将筐转了一个方向，让孩子们看到筐子上也有一个红点。她解释说，这个红点的意思是这些书大体上是一样的，也意味着需要把这些书放回这个筐里。

不久，凯茜就给六个孩子分好了伙伴，给每个孩子一个新的、看起来更正式的塑料"书架"，并向每对伙伴展示他们各自的书架，这些书架将会被摆在离他们读书位置不远的桌面上。每个孩子从筐里挑了两袋书，每袋里面有四本带着红点标记的书。这些书篇幅都很简短。孩子读这些简短的书并不需要多少时间。我们发现，大班及一年级学生至少需要一百本书，并将其分为三组。当然书越多越好。一旦孩子的阅读水平有所提高，单册书的篇幅会更长，他们需要更长的时间完成每本书的阅读，这时书筐里的书可以少些。不过几天的时间，凯茜的所有学生都知道可以从哪里获取适合的书，挑选了合适的书放在各自的书架上，并拥有了合拍的阅读伙伴，而且明白，他们当前在阅读工作坊的主要工作就是阅读这些书。

有些孩子会看到我们引导其他孩子到特定的书筐里找书，我们中的大部分老师会利用迷你课作为平台，培养这些孩子对书有想法。在一节迷你课上，凯茜问："到目前为止你们当中有几个人已经掉了三颗牙？"有几个孩子张大了嘴，指着豁口说："我！""有几个人只掉了一颗牙？"同样有几个孩子咧着嘴回答了。"所以我们是不同的。你看我们的个头都不一样。"凯茜一边说，一边示意瘦高的博和小个子的亚当站起来。等孩子的交谈平息下来，凯茜才接着说："看到了吧，我们每个人都是不一样的。我们头发的颜色不一样，我们画树的方式不一样，我们写的字不一样，我们的阅读也不一样。现在，喜欢大型动物类科学图书的同学请站起来。好的，请坐。现在，喜欢诗歌的同学请站起来。明白我的意思了吗？我们都是不一样的。有的已经在读带有很多文字的书，而有的才刚开始读带有文字的书。"

"我们都不一样。"劳拉总结说。

"这就是为什么我们的教室里有各种不同类型的图书。为了变成更强大的读者，很重要的是你们找到适合自己的、帮助你们变得强大的书。在你努力变得更强大的过程中，这些书筐（凯茜指着图书区里放在最显眼的位置的分级图书的书筐）会真正帮助你们。"

"我读带有黄色标记的书没有问题。"雅各布说。

"我也是。"查理说。

"所以对你们而言，目前黄色的书筐是你们的大本营。有些孩子的大本营是红色的书筐，有些是蓝色的，或绿色的，或别的什么颜色的。你们每个人，都擦亮眼睛，用几秒钟的时间浏览书筐，找到适合自己的书筐，找到你们的大本营。"孩子们非常专注地在分级图书区寻找他们的书筐。"接下来的几周，我们会一直看这些书，帮助我们提高阅读能力。我们每个人都会有一个书筐作为自己的大本营，从中挑选图书。你们的大本营书筐里都装满了书，这些书上的文字都是你们能看懂的，所以它们绝对可以帮你们变成更强大的读者。"

强调学生阅读文字时需要使用的策略

给孩子挑选合适的图书仅仅是帮助他们进行阅读的第一步。我们也需要（热情地）演示阅读策略，这对孩子努力阅读文字大有好处。我们可以在迷你课、共享阅读、面对面辅导、指导阅读环节或阅读策略课上进行这种演示。同时，我们要和孩子进行字词学习。

九月的下旬，我聚集了凯茜的学生，进行了一节迷你课的教学。"同学们，我们已经学习了各种方法来理解阅读一本书时遇到的文字。我们也列出了一些策略。我会把到目前为止列出来的策略都读一遍。在我读的时候，你们每个人都在脑海中回想一下你们使用这个策略的经历，可以吗？"我转身面对旁边黑板上的大纸，说："我们知道，我们可以看图片，它们会提示故事的情节。我们可以思考'它可能说的是什么？怎样才是讲得通的？'"接着，我说："我们会好奇书里用了什么技巧，或呈现了什么规律。是不是有押韵？有没有规律？是不是系列丛书？还有，在阅读的时候我们可以用手指着书上的字——我们中的很多人都这么做。当指着一个单词的时候，我们会看到这个单词的首字母，做好准备发出它的读音。"

看着学生们，我说："这些事情你们都会做，昨天你们还开始做其他的事情。昨天，扎克想到，你们不能只看单词的首字母，而应该看整个单词！在扎克提出这点之后，我开始寻找其他这么做的人，当时我看到盖伦在读《老鼠画画》（*Mouse Paint*）。"说到这儿，我打开了《老鼠画画》这一大开本书，翻到了正在讨论的那一页。"在被卡住的时候，盖伦说：'图片对我没有帮助。'"我模仿盖伦当时的举动，我读出："他们认为这是老鼠画画。它……进来。""盖伦用手指着不认识的那个单词，很认真地观察，他看到这个单词的首字母是c。他重新读了一遍，然后说：'反正是老鼠怎么进来的！'接着他又喃喃自语：'会是攀（climb）进来吗？'但是他后来拼对了！盖伦看了整个单词（我夸张地模仿他当时的动作，将手指在大书这个单词的下方画过一次、两次、三次，每次手指画过，都尝试拼读这个单词），最后读出了正确的单词——爬（crawl）！"我重新读了一遍那个句子，将"爬"这个字放进去。接着我说："同学们，之后我又走到凯特面前，她当时正在读《鬼屋》（*The Haunted House*）。"我又讲了一遍凯特在阅读时遇到一处困难的情形。我没有这本大开本的书，因此我在一张大白纸上摘抄了那一段文字。我模仿凯特，读道："我是一只可怕的、可怕的（scary）猫头鹰。"［原文其实是"可怕的、阴森的（spooky）猫头鹰"］之后，我又倒回去，看着我读错的那个单词，同时用手指在那个单词每一个字母的下面画过去。注意到这个单词的拼写与"可怕的"那个词不一样，我尝试着发出正确的音。用手指在单词下面来回画了几次之后，我终于正确地拼出来了。模仿完凯特的动作，我说："你们看到了吗？凯特没有只看单词的首字母，她研究了整个单词！"

我顺势推动了阅读工作坊的工作。"今天阅读的时候，你们是否会记住盖伦是如何知道那个字不是'攀'而是'爬'，是否会记住凯特是怎样读出'一只可怕的、阴森的猫头鹰'的？谁对这个策略还有问题？"

布列塔尼说："在开始看一本书的时候，你可以判断它是不是韵文。如果是的话，你可以在脑中想想它是怎么押韵的，这也可以帮你正确拼读。"

"没错，书中有很多的细节可以帮到你们。你们已经掌握了很多的工具，它是你们的工具箱。"看着学生，我说："我们现在开始个人阅读。坐在莎拉后面的几位可以开始了。"

大约十个孩子急忙站起来，走到摆满了书筐的书架旁。"我特别喜欢看到你们走到书架前快速取书然后回座位上看书，不浪费哪怕一秒的阅读时间。"我说。接着我提示剩下的孩子开始行动。几分钟后，所有的孩子都坐在指定的位置上，身旁放着他们各自的小书架，翻阅着他们挑选出来的图书。

当凯茜和我在孩子们之间走动的时候，我们注意到几件事情。第一，孩子们都在阅读。这可是一项了不起的成就。当时仅是九月的下旬，但是孩子们已经能够清晰地阅读文字。能达到这个水平，凯茜在独立阅读工作坊的悉心指导，以及孩子们在幼儿园阶段所受的教育，都功不可没。一些孩子在读一本书之前会大致浏览一下书的内容，形成自己对它的粗略认识。很多孩子在阅读的时候，每读一个词就用手指在那个词下面点一下。凯茜和我开始指导其中的几个孩子超越这一阶段，让他们用眼睛而不是手指来比画他们阅读的单词，只有在遇到不认识的单词的时候，才用手指来比画。这一天，很多孩子明显已经做到看整个单词，而不只是看首字母。萨拉拿着一本有关镜子的书，读道："看我的手指（fingers）。"之后她停顿了一下，盯着文字，重新读了一遍，纠正自己的错误："看我的脸（face）。"看着她，我知道迷你课的内容已经深入孩子的心里了。

第二天，凯茜在迷你课上表达了同样的内容，不过采用了不同的方式。这一次，她对全班说："你们能不能看着我，观察我在做什么？看我接下来要做什么？假如我是个六岁的孩子，我特别渴望读一本书，现在拿到了这本书。"接下来的几分钟里，凯茜读了两页，清晰展示了他们整理的所有阅读策略，尤其是用手指比画单词，留意单词首字母，和拼读整个单词。在做这些事的时候，她也呈现自己决定运用某一具体策略的过程。她自言自语："等一下，等一下，我要拼读整个单词。"接着依言而行。这么过了一两分钟之后，凯茜让孩子们回顾他们看到她在阅读时做了什么。

几天之后，班上最富有冒险精神的埃里克斯跟同学们分享了很多在展望公园（Prospect Park）骑自行车登上令人心惊胆战的险峻山峰的经历，凯茜听了之后，决定借机指导孩子们如何挑选适合的图书。一开始，凯茜告诉班上的孩子们关于埃里克斯的骑行故事，全班学生开始讨论骑车登山的感受。他们一致认为骑车登山不会太有趣，因为你不得不时不时地停下来休息，自行车也会摇摇晃晃的。之后，凯茜问："你们有谁在阅读的时候也有类似的感觉？我的意思是，有没有什么书让你们觉得像是在骑车登山？让你们筋疲力尽？让你们觉得受挫？"罗伊飞快地举起手来，他的另一只手指着"专题书"筐里一本有关蜗牛的写实类图书，说道："那本书。那本书对我而言太难了，我读它的时候几乎喘不过气来。"凯茜从筐里拿出那本关于蜗牛的书，举了起来，说："所以这本书对你们而言就像是登山，是吗？"班上的绝大多数孩子都点头表示同意。之后她说："现在我有一个问题要问你们所有人，当你们骑车下山的时候会发生什么情况？"孩子们嚷嚷道："非常容易。都不用蹬脚蹬，跑得非常快。""有时候脚蹬转得太快，我都不用将脚搁在上面。""你不用做任何事。"凯茜接着说："有没有哪些书你们在读的时候感觉像是在骑车下山？有没有哪些书对你们而言实在太简单，你们除了翻页之外什么都不用做？"仿佛收到了一个指令，他们异口同声地喊了出来："《在一片漆黑漆黑的树林里》（*In a Dark, Dark Wood*）！"凯茜将它从恐怖故事书筐里抽了出来，举起来说："所以这是一本'下山书'，对你们来说太简单了，你们可以飞快地浏览完，是吗？""嗯。"他们说。之后安娜说："我们应该找一些像在平路上骑车的书，一些我们需要做点儿努力才能读但又不会难到让我们不得不半途而废的书。"

凯茜随后让她班上的孩子开始自己阅读，检查他们各自书架上的图书究竟是"上山书""下山书"还是"平路书"。"'平路书'特别适合用来练习阅读。我希望每个人都能确保自己有一些'平路书'。"凯茜说。当天她和我讨论的时候，我们都很诧异孩子们竟然能那么快地将这个比喻运用在他们的阅读中。凯茜当然知道，稍简单或者稍难的书也能帮助读者成长，但她想做的是让孩子遵循恰当的进度。

一周之后，在我与斯蒂芬妮（Stephanie）讨论的时候，她告诉我："即便读'平路书'，我也会遇到一些障碍。"

"你指的是什么？"我问。

"有时候我读得很流畅，但是会突然遇到一个我不能理解的生词。"

"你读这本书的时候有这个问题吗?"我问。斯蒂芬妮正在读帕特·哈钦斯（Pat Hutchins）的《最好的朋友》（*My Best Friend*）。她翻开一页，上面写着："乔伊喜欢蔬菜。"她指着"蔬菜"这个词，僵住了。

"斯蒂芬妮，你能读这个词给我听吗?"我指着这句话的第一个单词问。

"乔伊喜欢……"

我指着图片。

"乔伊喜欢豆角，但这个词不可能是豆角。"

"这个词有没有可能是蔬菜?"我问。

"对!"她说。

"再试试。"我说。

"乔伊喜欢蔬菜。对，是乔伊喜欢蔬菜!"

当天，在阅读分享的时间，凯茜对她的孩子们说，即便你看的是一本非常棒的"平路书"，在平路上你也可能遇到障碍，就像斯蒂芬妮遇到的情况一样。她向全班展示了斯蒂芬妮在书里遇到的那部分问题。"一个人骑自行车或滑轮滑，如果遇到了障碍，他们有办法越过。斯蒂芬妮也有办法。她参考了图片，读出了那个词的第一个音节，她也向我寻求了帮助。"凯茜说。"接下来的一周左右的时间，我们为何不学习如何越过这些障碍呢?"凯茜建议。这是凯茜有关"如果遇到生词我们怎么办"的一系列迷你课的第一节。

第二天，唐娜·桑特曼去听凯茜的课。她们与斯特凡诺和他的阅读伙伴奎因一起讨论。这对阅读伙伴正在读约翰·斯塔德勒（John Stadler）的《蜗牛万岁!》（*Hooray for Snail!*）。他们在读到"蜗牛倾听"那一页时卡住了。

"蜗牛……"斯特凡诺一边说,一边用眼睛飞快地浏览插图。

唐娜问他在做什么,他说他在找能给他提示的图片。"你不只是在浏览这些图片,你是在研究它们。让我们一起来试试吧。"他们开始讨论故事的情节。奎因说蜗牛正看着教练,因为教练正在跟它说话。

"看起来教练正在对它大吼大叫。"斯特凡诺说。

"而蜗牛只是在倾听……"回到文字部分,他读道:"蜗牛倾听!"奎因露出胜利的微笑。

"看到了吗,孩子们?你们不能只是浏览图片,你们要配合故事情节的进展来研究这些图片,这对你们有很大的帮助。"

斯特凡诺和奎因与全班同学分享了这个经验,很快,研究和讨论插图也被列入了"如果遇到生词我们怎么办"的策略列表中。凯茜和她的学生们整理了常用阅读策略。

1-206 班常用阅读策略

研究插图(如斯特凡诺和奎因)

研究插图,同时看生词的前一两个字母(如安娜和苏菲亚)

可以看生词的开头和结尾来判断我们的猜测是否正确(如玛丽萨和萨拉)

可以反复读生词的上下文,推断哪个词能够让句子连贯通顺(如埃里克斯和苏菲)

> 可以朗读故事，利用押韵和重复出现的词语都我们推测（如阿菲亚和马尔科）
>
> 在遇到生词的时候可以思考我们已经知道的情节，这能帮我们理解那个词（如朱利安和佐伊）

　　孩子们可以观察我们刻意演示的高效阅读者在阅读时遇到问题会采用的策略，但光是观察是不够的。真正重要的是，孩子们得亲自运用这些策略越过他们阅读时遭遇的障碍。在凯茜的班上，她花了很长的时间来确保孩子真正领悟她展示的和同学罗列出来的策略，并将它们运用到实际阅读中。在持续几周的时间里，凯茜有时候让孩子们观察她阅读（很简短），注意她在遇到困难的时候运用的策略，有时候则让孩子们每两个人形成一组，其中一个人阅读并处理遇到的问题，另一个人作为研究者记录对方所采用的策略。下文表格中列出的是凯茜的几个一年级学生记录的他们的伙伴运用的阅读策略。

> 蒂娜："我的伙伴布莱恩，看了图片。他返回查看。他回到文字部分。他知道了那个单词，他理解了。这是个复合词。他将手指放在单词上。"
>
> 莫丽："1. 艾瑞克看了图片。2. 艾瑞克翻到封面去查那个词。3. 艾瑞克翻回到另一页。4. 艾瑞克对单词进行拼读。5. 艾瑞克反反复复地念一个词，直到弄对了为止。"
>
> 瑞恩："他进行拼读，所以知道这个词是什么。他读了整个句子，又返回去看，猜出了那个单词。劳尔做得很棒。"

系统地帮助学生每天阅读

若说迷你课是我们帮助孩子提升阅读文字技能的主要途径，这其实是一种误导。孩子们同样需要实际练习这些策略。该单元的真正工作其实是，我们与每个孩子和每对阅读伙伴见面沟通，延长孩子专注阅读的时间，组织和启动指导阅读小组，确保孩子在阅读适合自己的图书。与此同时，凭借共享阅读、字词学习和写作工作坊，我们来发展孩子的阅读能力。

Tina
1998

Brian My Prttnr Look's at The Pikchrs
he Goos Back at searched for
dalighis.
he Goos Back to The
Latrs. he nass
The Wrod.
he macs SaSe.
It was a KaPawld
Wrod He sasd His figr
Put win The wrod

蒂娜

1998 年

我的伙伴布莱恩看着图片，

他回过去重新查找，

他重新回去看那封信上的词。

他理解了。

这是一个投掷器。

他用手指着这个词。

Molly 3-2-98
1. Erik looked at the Picter.
2. Erik wen't back to the cover to chek
   o word.
3. Erik wen't back to another Page.
4. Erik Sounden a word out.
5. Erik said the word over and over
   intil he got it right.

莫丽 1998 年 3 月 2 日
1. 艾瑞克看了图片。
2. 艾瑞克回到封面去查找了一个单词。
3. 艾瑞克往后看了一页。
4. 艾瑞克读出了一个单词。
5. 艾瑞克重复读了单词，直到发音正确。

312|98 Raul and Ryan.
he figerd it ouT Because
he soundid it out.
he figerd it out Because
he read Sentinc
and went Back
Raul did Grate

劳尔和瑞恩 1998 年 3 月 2 日
他认出了这个单词，因为
他读出了这个单词。
他认出了这个单词因为
他读了这个句子。
然后又回顾了，
劳尔做得很棒。

　　如果我们的共享阅读侧重文本中的文字，那我们得确保使用的文本与大部分孩子的阅读能力相匹配。正如我之前提到的，如果大部分孩子都还在学习文本中的一一对应的概念，如他们读的文字之间有间隔、字体加粗、一页只有一两行文字，那么，此时期望他们在念"这片土地是你的土地，这片土地是我的土地"这样的诗句的同时能够区分、记住每个字词，无疑是不切实际的。我们可以和学生一起读这首诗歌，一边读一边用手比画那些字词，但是这种共享阅读的目的不应该是提升孩子阅读文字的能力。我们希望通过这种方式提醒孩子们读文字的时候，应该遵循从左至右、从上到下的顺序。即便是像《洗刷刷太太的农场》这样浅显的文本，如果我想要让刚开始阅读的孩子们注意到文字的特点，我都会先将整本书读一遍，然后选一页专门讲解，之后才会进入文字部分的讲解，只有这样才能指望孩子跟得上我的节奏。"这片土地是你的土地"的文字，甚至很多绘本的文字，对大部分幼儿园和一年级的孩子而言都很模糊，尤其是我们在做共享阅读的时候，常常一行又一行地快速地讲解，以为孩子的阅读速度可以跟得上我们。

雁山小学（Goose Hill Primary School）的校长莉迪娅·贝利诺要求她学校的幼儿园老师连续两周每天在共享阅读时重复讲解从卡拉·库斯基（Karla Kuskin）的诗集《窗边树旁：诗歌集注》（*Near the Window Tree: Poems and Notes*）中摘抄出来的一小段诗歌。

诗歌是这么写的：

我喜欢小虫，

我亲吻小虫，

我拥抱它们。①

莉迪娅并没有一开始就给大班的孩子朗读该诗歌，没指望他们跟读、模仿她抑扬顿挫的语调，而是为他们首次接触文本提供支持或搭脚手架。她先向孩子们展示这段诗，同时呈现的还有一张甲虫的大图片。"我们来读这个。"她说。她指向第一个单词。孩子们读"我喜欢"，然后停了下来。"嗯，"莉迪娅说，"我在想这说的可能是什么？"她轻拍图片，仿佛她正在他们面前思考，很快孩子们叫了出来："是小虫！"

"这个词可能是小虫吗？"莉迪娅问，"我们试试吧。"她和孩子们仔细地研究文字："看起来像是小虫！"莉迪娅说，然后将指示棒沿着那个词移动，一边移动一边念"小虫"。"既然如此，我们回过头去重新读一遍。"莉迪娅说。不久之后，她和孩子们都注意到"虫"（bugs）这个字在下一行又重复出现了，而且和第三行的"拥"（hugs）有一样的韵脚。

在接下来的两周时间，莉迪娅和这群大班的孩子对库斯基的这首

---

① I like bugs. I kiss bugs. And I give them hugs.

小诗做了以下处理：

◎ 莉迪娅用便笺纸将某些词（喜欢、给予）盖住，让孩子们一一对应重读这段诗，找词填入合适的位置。之后莉迪娅将这段诗歌给每个孩子发了一份，让他们组成搭档。一个孩子任意选择某个词盖住，另一个孩子重读后找出被盖住的单词。孩子当然已经记住了这段诗，但是确定到底是哪个词被盖住了依然不是一件容易的事，因为这要求孩子将记住的单词读音和纸上真实的文字对应起来。

◎ 莉迪娅将一个词的部分字母（比如 them 的 em）盖住，让孩子重读诗歌并找出被盖住的部分。

◎ 莉迪娅对诗歌做了修改，比如改成"我喜欢小猪"，或者"我讨厌小虫"。

◎ 莉迪娅让孩子们尝试思考："既然你们已经认识了虫子（bugs），还能不能想出其他形似的词？"（hugs, lugs, rugs, mugs），她让孩子们对喜欢（like）和给予（give）也做了同样的处理。

◎ 塑封该诗的几份复印件。莉迪娅用绿色的点在第一行和第三行旁边做了标记，给第二行用蓝色的点做标记，然后将班上的孩子分成两组，一个组读绿色的行，另一组读蓝色的行。这样，孩子们交替读不同的部分。

◎ 将诗歌中的一些词（喜欢、亲吻、小虫）写到字墙①上，并在每个孩子的写作文件夹里都放了一份这段诗歌。莉迪娅解释

---

① 在西方幼儿园教室，老师们很重视文字的呈现，一般会专门开辟一块区域，贴或者写近期阅读的高频词／生词等。往往以首字母归类编排。

说："从现在起，如果你们想拼写这些单词，可以参考这首诗。"

◎ 全班一起参与改写这段诗歌。"我们把拥抱换掉，你们能想到什么词来匹配虫子?"莉迪娅问。"得和'虫子'押韵。"很快，bugs（虫）就被换成了 rugs、mugs、tugs、jugs 等。同时由于他们发现 bug 这个词可以生成很多其他的词，莉迪娅将这个词放到了字墙上，提醒孩子们这个词可以让他们认识更多单词。

在帮助孩子阅读、思考和探索他们接触到的文本的时候，我们不仅仅在教他们单词、文字或阅读策略，我们同时在告诉孩子，文本可以是我们的老师，纸上的文字可以提供给我们信息，可以让我们获得启发和借鉴。这是我们和孩子们共同需要完成的最重要的任务。

第三章

迷你课：阅读后的讨论和思考（大班和一年级）

　　三十五年前，杰罗姆·布鲁纳在他的经典之作《教育过程》（*The Process of Education*）一书中提出："任何学科的基础知识都可以以某种方式传授给任何年龄阶段的任何人。"他进一步阐述道，真正塑造生命和文学的基本理念实则简单而有力："一个人想要掌握这些基本理念，有效地运用它们，必须通过逐渐复杂的形式循序渐进地学会运用它们，从而加深自己对它们的理解。"如果我们想帮助孩子对文本进行深入的思考，在思想的世界里生活得游刃有余，难道我们不应该自一开始就引导他们进行这样的思考吗？

　　在师范学院阅读与写作项目里，我们坚信对话是一种有助于加深理解的方式。纽约市实施的《新版小学标准》强调，负责任的书本讨论（accountable book talks）是每日教学的核心。一年级的末期，孩子们应该能够复述他们独立阅读的故事，比较同一作者的两部作品，或讨论同一主题的多本书，辩论时引用书中的内容支持自己的观点，在恰当的时候礼貌地提出自己的不同意见，向别人提问以获取更为详尽的解释和澄清，并努力阐释为何自己对一部作品的解读是有理有据的。这对于六岁儿童而言实在是很高的标准，但牢记这些目标让我们无论在阅读上还是在生活中，都变得更为优秀。

每年九月，看着孩子走进教室，我们总会觉得，想以奇妙的方式教会他们讨论实在是任重而道远。九月份，一组组的孩子所做的"书本对话"其实是名不副实的。事实上，他们最初所做的不过是"书本评论"，而且经常只是针对书中的插图做评论（"他太可爱了！""看看她这乱糟糟的头发！"）。他们的评论多半是雷同的，相互重复的。但是，在小学教室里，书本讨论对教学起显著推动作用，在一个接着一个的教室里，很快，这些年幼的孩子就开始针对书本一来一往地讨论了。而且，在学习很好地讨论文本的同时，孩子们也在学习很好地思考文本。

本章探讨如何使用迷你课来强调思考文本的重要性，包括两点内容：如何借助对文本内容做标记的便笺纸帮助孩子更好地讨论和理解文本；我们可以如何鼓励孩子倾听文字、倾听别人。

迷你课：聚焦文本思考的重要性

十一月初的某个周一上午，凯茜对她的学生说："我要给你们讲一个故事，我希望你们真的能够在你们脑中想象那个画面。我们现在开始。想象你们可以看到大脑，想象在你们的大脑中可以看到一群小小的人，这些小小的人长得跟你们一样，他们也都有工作。到了数学时间，就有一部分小人——我们称为数学小人——开始工作。"

"杰西肯定有很多数学小人。"雅各布笑着说，指了指他们班上六岁的数学能手。

凯茜接着说："现在，往你们大脑的前部看，就在你们前额的后面，也有几个这样的小人。他们的工作是阅读。他们是阅读小人。"

"我看到他们了！"劳拉说。

"一年级的学生快速成长，对书本中的字词有很强的理解力。这些小人中就有一个人是专门负责这个的。他／她非常辛勤地去理解字词。我们都已经很擅长理解字词了。"为了强调后面的话，凯茜停顿了一下，确保所有人都在认真听讲，这才接着说："在我们的教室里，我们还需要完成另一部分的阅读任务，那就是对故事进行思考。负责这个任务的小人有很多好的想法，确保我们理解我们所读的东西。他／她就是思考书本小人，我们得确保在阅读的时候，这个小人跟理解字词的小人一样始终忙碌。"

这种隐喻的说法其实平淡无奇，不过是帮助年幼的孩子更有意识地理解高效阅读者所使用的阅读策略。我们试图以低干涉的方式教给孩子元认知策略，运用具体的、常见的隐喻，免得抽象的策略名称让孩子难以记忆、理解和运用。我们教学的重点不是策略本身，而是让孩子通过这些策略更好地阅读。讨论认知过程的最好方法通常依班级而有所不同。有一次，几个孩子在看关于恐龙的书，我听他们讨论雷克斯霸王龙。"它的手臂这么瘦弱，它甚至都没法子挥胳膊……跟小婴儿说再见。"巴纳比说。班级恐龙专家约翰说："其实，雷克斯霸王龙的手臂会这么瘦小是因为它不需要经常使用手臂，它经常使用的是腿和嘴。"顺理成章地，在那天的迷你课上，大家讨论了阅读者也可以和恐龙一样使用不同的技能。一种技能是理解字词，增进这一技能很重要，但是讨论这种技能也很重要，而且，如果不经常使用的话，这个技能也会像雷克斯霸王龙的手臂一样退化。

　　教孩子成为有意识地运用策略的阅读者并非易事。我最近观察到两个二年级学生讨论克里斯·范·奥尔斯伯格（Chris Van Allsburg）的《极地特快》（*The Polar Express*）一书。贝卡说："我建立了文本与自我的联系。"之后她顿了一下，说："不对，是文本与其他人的联系，文本与姐姐的联系。"

　　她的伙伴插了一嘴："没有这种联系。你只能建立文本与文本的联系或文本与自我的联系。"两个人就这个问题又讨论了几分钟。最后，我问贝卡她建立的联系到底是什么。她说："我的姐姐以前坐过一次这种特快车。"这就是贝卡的文本与自我的联系或者文本与姐姐的联系的全部内容。在我看来，很显然，她试图搞清楚《极地特快》与她自己的生活之间究竟是什么联系的种种努力，都毫无意义也毫无作用。如果一定要说有什么作用的话，大概仅有的也只是让曲里拐弯的元认知过程毁坏故事的魅力，将他们从故事的美妙梦境中拉出来。

便笺纸：培养思考性阅读的阶梯

　　在凯茜跟她班上的孩子们讲过"头脑中的小人"之后，她想接着很快地展示这对他们阅读的帮助。展示其意义的最简单的方式就是朗读。"在接下来的几周里，我们将花时间练习如何针对书本提出好的想法和见解。"凯茜说，"我注意到你们很多人已经开始这么做了。我先让你们理解我的意思。我将朗读凯文·亨克斯（Kevin Henkes）的《我的名字克丽桑丝美美菊花》（*Chrysanthemum*），并说出我的想法。你们认真听，同时研究我做了什么。"凯茜读了几分钟，在读到克丽桑丝对自己的名字不满的时候，她停了下来。她拿出了一张便笺纸贴在这一页上，对莱斯利（扮演凯茜的阅读同伴）说："这让我想起我小时候的事。"然后她切换回老师的角色，对班上的孩子们说："所以？"

"你贴了一张便笺纸！"

"你有很好的想法！"

凯茜点点头说："没错，当我读到这一页的时候我想到，'这让我想起'以前小孩子经常取笑我的姓氏'科林斯'，因为当时有一部电视剧，里面有一个吸血鬼叫波拿巴·科林斯。我可以理解克丽桑丝的感受。就像克丽桑丝一样，当时我觉得很不开心，有时觉得难过，有时感到愤怒。不知道克丽桑丝是不是也一样，各种情绪杂乱交织。"接着凯茜说："我的感受开始于阅读，开始于思考'这让我想起'。"然后凯茜对她班上的孩子们说："今天，在你们的独立阅读时间，如果你们读到让你们有'这让我想起'这类想法的内容，就在那儿贴上一张便笺纸，之后我们和伙伴碰面讨论，一起分享这些关联。"

西拉举起手来："万一我们没有这种想法，但是有另一种想法呢？"

"那么也许你可以创造出另一种思考作品的方法，"凯茜回答说，"晚些时候你可以与其他人讲讲你的想法。"

全班学生手里拿着便笺纸开始阅读。凯茜和我在朱莉娅身边站住了。朱莉娅正在读 M&M 系列的一本书。她刚刚将一张便笺纸贴在了书的一页上。

"朱莉娅，你对这一部分有什么想法？"我问她。

"曼蒂和敏敏让我想起我和我最好的朋友。"朱莉娅说。

"怎么让你想起的？"

"嗯？"朱莉娅很意外我会要求她解释她的看法。

"我的意思是，她们怎么让你想起你和你最好的朋友的？"我强调了一遍。

"呃……我们，比如……我们都是女孩儿，她们也都是女孩儿。"朱莉娅说。

听到朱莉娅建立如此浅层的联系，我并不觉得意外。我早已经预料到了这一点，我的任务就是帮助孩子们深化他们的初步想法。"所以，你的意思是你和西拉就像这一套系列丛书里的主人公一样，是最好的朋友。这套书的故事情节我知道一点儿，她们一开始相处得很好，但是后来吵架了，最后又和好了，对吗？你和西拉的友情是不是也像这样？"我问。

"是的。"她说，"在这本书里，每次她们吵架的时候，我知道她们一定会和好的，就像我和西拉一样。"

"这真是个有趣的想法，朱莉娅。当你告诉你的伙伴的时候，他一定会被你的想法迷住的。"

凯茜和我走到杰登的身边停下来，他正在看艾伦·布朗德（Ellen Blonder）的《嘈杂的早餐》（Noisy Breakfast）。杰登几乎在书本的每一页都贴了便笺纸。这本书讲述的是一只狗和一只长得像仓鼠的动物一起准备一顿嘈杂的早餐。"杰登，我能不能问问你关于这些便笺纸的问题？"凯茜说，"看起来你真是爆发了一大批的想法！"

杰登笑了，翻回了第一页，在这一页他贴了第一张便笺纸。他一边翻着便笺纸，一边给我们解释："这让我想起来我以前帮我妈妈干活的时候。这让我想起来我摆餐具的事情。"插图让他想起自己的生活情景，但是他没有抓住书本整体的大意，即便他已经读过了。

《嘈杂的早餐》中的描述	杰登对文本的"解读" （通过使用便笺纸）
听它裂开的声音。 （狗在碗里磕了一个鸡蛋并搅拌的插图）	
听它掉落的声音。 （仓鼠看着狗将鸡蛋放进搅拌碗里）	这让我想起来我帮妈妈干活的时候。
听它们咯咯作响。 （仓鼠抱着一摞碟子去摆桌）	这让我想起来我摆餐具的时候，我的哥哥什么都没干。
听它们噗噗作响。 （一片片面包发出噗噗的声音，从烤面包机掉了出来，仓鼠冲过去用碟子接住它们）	这让我想起我没有及时从烤面包机中取出面包的时候。
听它嘶嘶作响。 （仓鼠将鸡蛋倒进煎锅里）	这让我想起我吃鸡蛋的时候。我喜欢炒鸡蛋。
听它滴滴答答的声音。 （仓鼠往杯子里挤橙汁）	这让我想起自己榨汁的时候。
听它们啜饮的声音。 （狗和仓鼠一起喝橙汁）	
多么嘈杂的一顿早餐！ （狗和仓鼠一起吃面包）	

凯茜和我从杰登身边走开了一会儿，思考我们看到的情况。教学的一个令人苦恼的地方就是，当我们采取措施解决一个问题的时候，我们常常会制造出新的问题。若是几天之前杰登看这本书，他可能什么都不会想到，但是如今，似乎每一页都会将他带往一个新的方向，

让他无法集中在文本本身的中心思想上。随时保持警惕，随时准备好对我们的教学带来的意想不到的结果做出反应，这是多么大的挑战！我们毫无疑问是想让杰登和其他学生都意识到，像"这张图里的这个家伙穿着绿色的球鞋，我叔叔也有一双绿色的球鞋"这样的联想，与那些能够让他们更深入地理解文本的联想（比如："我可以想象亨利在以为马奇走丢了之后是多么难过。我的狗有一次走失了，那时候我非常伤心"）是不同的。杰登很显然已经知道书本有时候会让我们想起自己的生活，但是他没能将文本作为连贯的整体来理解，而贴便笺纸这项活动很可能让这个问题进一步恶化了。我们决定首先要帮助杰登从整个文本的角度，而不是从每一页的角度，来进行阅读和思考。

"杰登，这本书的每一页都会让你想起一件不同的事吗？"凯茜问。

"是的。这让我想起来我帮妈妈干活的时候，这让我想起来我摆餐具的时候，这个……"杰登一边翻着书一边指着他贴的便笺纸说。

"你能不能先暂停一下，杰登？"凯茜问道，"我有一点儿疑问。听起来这本书整体上让你想起来你和妈妈一起做早饭的场景。你所有的便笺纸都是关于这个的。"

杰登点点头。

凯茜将书翻到了封面。"《嘈杂的早餐》。嗯，看起来这整本书的意思就是早餐时间是很嘈杂的。"凯茜一边翻着书默读，一边说。

"我和妈妈做早餐的时候也很吵。"

"真的吗？"凯茜问。

"是的。有时我们会放广播，把广播的声音调得很大。我的小妹妹有时会哭闹，我就陪她一起玩儿或者做点别的什么。"

"所以，你的主要想法跟这本书的主题有点相似了？这本《嘈杂的早餐》让你想起你和妈妈一起做早餐的时候非常嘈杂，是吗？"

"是的。"

"我不知道你是不是也会听到书里说的这些声音。你的鸡蛋嘶嘶作响吗？或者，你听到的是不同的声音？"

"我妹妹太吵，以至于我听不到煎培根或烤面包的声音。"杰登说，"所以我听到的噪音不是食物类的。"他拿出书来重新读了一遍，这一次，每读一页他都会问自己这个问题："我有听到这种声音吗？"

在凯茜的教室里，还有其他参与我们项目的教室里，孩子们很快就会将便笺纸贴到书上，但是理由各不相同。这些理由都可以涵盖在"我很想讨论的想法"这个宽泛的主题之下。随着学生对贴了便笺纸的书中内容的描述，记录他们想法的列表变得越来越长。凯茜班上的记录表很快变成这个样子：

我们阅读时的主要想法
这让我想起……
我注意到……
我不知道为什么……
这让我很惊讶，因为……
这让我联想到另一本书，因为……

在这一单元的研究中，我们倾向于给孩子们留出二十到三十分钟的时间，让他们独自阅读，并用便笺纸标注出自己的想法，之后他们再和自己的阅读伙伴讨论。在一些教室里，为了进一步地强调书本讨论，孩子们会有一段时间不是和同伴们一起阅读，而是纯粹就书中的观点进行讨论。在其他的教室里，一般而言，每个孩子都会从自己的书架上选一本书，如果伙伴对这本书不熟悉，那么他／她会对这本书做整体的评论，向伙伴介绍这本书，之后他们会一起读这本书，读完之后，他们才会就标注的内容进行讨论。

阅读的关键：倾听和回应

我所描述的工作或许听起来很简单，但是想要让大班和一年级的学生配合完成这些工作却非易事。尽管事实上每次两个孩子只讨论一本书（而非使用平行谈话的方式同时讨论两本书），但是这也不容易。到目前为止，最大的挑战是帮助孩子们在讨论书本的时候真正地针对书本进行对话并产生自己的想法。更多难点在于倾听，而非其他。我们总是很容易将这种情况归咎于"一些五六岁的小孩过于以自我为中心，无法很好地倾听彼此"，但是如果我们放弃教孩子们去真正倾听彼此说话，我们很可能同时也放弃了教他们阅读理解。毕竟，理解不就是仔细倾听另一个人的话语、想法和故事，即便这意味着我们需要暂时抑制我们自己的话语、想法和故事，让对方的思绪占据我们的头脑？而且，理解难道不是经常让一个人因为另一个人的话语而改变自己的想法吗？不是让我们为所听到的内容而转变思维吗？如果事实如此，那么教孩子们理解就必须教他们倾听。

我们并不会等到开学一段时间后才开始关注倾听，也不会只在阅读课程上强调倾听。对我们大部分人而言，全班性的会议是教孩子们倾听的第一平台。亚历克萨·斯托特（Alexa Stott）发现可以先从有形的部分着手教孩子一些倾听技巧。亚历克萨教的一年级孩子从学年刚开始时起，每次全班讨论的时候，都是沿着地毯的边缘坐成一圈，而不是挤在一起坐在她的脚边。亚历克萨会花点时间提醒孩子们要确保他们坐的位置能够听到彼此说话（"你们能清楚地听到旁边的人说话吗？如何能够不用手去碰别人、干扰彼此倾听？大家可以将自己的手交叠抱住膝盖，这样会有所帮助"）。孩子们找到了自己长期可在的地毯位置，与他们讨论的伙伴也固定下来，一些问题也迎刃而解了。亚历克萨首先教孩子们的一点是，当某个人针对全班讨论的话题发表看法时，其他所有人都要转头看着他/她。"我希望让他们养成一种对接的习惯，"亚历克萨说，"所以我们转头的动作有点夸张，就跟转动的风扇似的。"有时在对话的中途，亚历克萨会说："大伙儿最好提醒你们的同伴现在该做什么。"她已经反复强调看着说话人的重要性，所以无须再多说什么。

一点一点地，亚历克萨提高了对孩子们的要求。不久之后，她开始着重训练孩子以复述为目标倾听别人说话。"全班同学，"她说，"当我告诉你们拿上外套和写字板到门口排成一列的时候，你们要照做。"她接着说："丹尼，你能不能复述我刚才说的话？"如果丹尼说不上来，她会说："有谁能帮助丹尼？"之后，她会提醒孩子们："下一次听别人说话的时候要试着能够把别人说的话复述出来。"

下一步是训练孩子们认真倾听彼此说话（而不只是听老师说话）。莱拉说她认为金发姑娘没有敲门就走进三只熊的房子是不对的，此时，亚历克萨说："你们都转过头去看着你们的伙伴，复述一遍莱拉刚刚说了什么。"亚历克萨第一次要求她的一年级学生复述他们的同学在大组讨论上的发言的时候，没有一个人答得上来。亚历克萨很清楚地知道，他们从来没有真正投入地倾听彼此说话。于是，接下来的几周时间里，她经常要求孩子们复述他们听到的内容，以此培养他们倾听的习惯。很快，亚历克萨让孩子们不仅在全班讨论的时候复述别人的话，而且在同伴阅读的时候，也要复述伙伴的发言。

当然，这些都是非常有限的目标，我这里描写的教学很可能有点儿像听力训练。但是清晰明确的指令，和不断跟进教学进程的意愿，让亚历克萨的教学取得了良好的效果。很快，她就不需要再要求孩子复述他们听到的内容了。不久之后，她的一年级学生就能流畅地、有想法地进行精彩的对话。参观她所教班级的人都觉得他们看到的是奇迹，然而我知道，这并非奇迹，而是老师目标清晰、坚持不懈教学的结果。

不管是倾听还是阅读，理解都远不只是回顾。亚历克萨很快就要求孩子们不仅要复述其他人（有时是书本的作者）所说的话，而且要讨论、思考他们所听到的内容。跟我们大部分人一样，她又一次使用全班讨论这一形式引入该技能，之后孩子们将在同伴对话时继续训练。在读到克莱德·罗伯特·布拉（Clyde Robert Bulla）的《粉笔盒小孩》（*The Chalk Box Kid*）中格雷戈瑞因为他叔叔要住在他们家，要往他房间里加一张床让他叔叔睡而感到难过时，亚历克萨若有所思地自言自语："我不明白为什么格雷戈瑞不想让他叔叔与他住在一起。"

"可能是，"萨拉说，"格雷戈瑞刚刚拥有属于他自己的新房间，他还不想和别人分享。"

亚历克萨没有说话，努力克制自己，不让自己做出评论。她希望孩子们可以彼此讨论。教室陷入沉默。萨拉的评论悬在那里，没人认同也没人反驳。所有人都看着亚历克萨，盼着她接受萨拉的评论，但是她却看着孩子们。沉默。最后，朱莉举起手说："我也有属于我自己的房间。"

亚历克萨点了点头。她在想：接下来她会不会听到很多其他孩子也宣布他们有属于自己的房间？她决定采取一点儿干预手段，说："朱莉，你的意思是不是你了解格雷戈瑞的感受，因为你也有你自己的房间，所以你会跟他有相似的感受？"

朱莉点点头。与此同时，雅各布对本森说了几句悄悄话。亚历克萨看了他一眼，我很确定她的本义是让他别再说话了，因为我当时和她想法一样。但是，亚历克萨聪明地尝试了另一个方法。"你们在讨论这个故事的什么内容呢？"她问，展现出对他们充满信心的样子。

让亚历克萨和我意料不到的是，雅各布回答道："在这个故事里，格雷戈瑞的叔叔会占据他的房间，因为他是大人。"

"你能说得详细一些吗？"亚历克萨问。停了一下，她又问："有人想要对这个观点做点补充吗？"她继续以这种方式，运用颇为强势的手段，引导孩子们的讨论，确保孩子们对其他人的发言有所回应。在使用这种强势的手段一段时间之后，亚历克萨将他们的一次书本讨论转录出来，分享给孩子们，问他们需不需要她这样强势地控制他们的对话。"当你们与同伴在一起，或者当你们在家里跟家人讨论书本时，我不会在场要求一个又一个人来发言。"她说，"如果我们讨论的时候我不再要求你们发言，会怎样？""如果你们自己判断你们的观点是不是适合我们正在讨论的话题，是不是可以推动我们进一步思考，会怎样？"不久之后，亚历克萨就只需要简单地给书本讨论开个头，孩子们就能自己将对话自然持续下去，不再需要举手发言了。并不是每个老师都能成功地做到这一点，但一旦做到，将带来巨大的好处。

这样的好处并不会立竿见影。对于亚历克萨的班级，遇到的第一个问题就是孩子们同时发言。这个问题在他们做同伴讨论的时候也经常发生，尽管不会像全班讨论时那样混乱。对此，他们很快地采取了全班聚焦倾听的对策，当一个人的声音响起时，别人的声音就会落下去。亚历克萨和她的学生制订了一个评估表，用以评价他们在这方面的进步情况。

我们的对话是怎样的？每个人发言的时候是不是都在被倾听？			
极好的对话	挺好的对话	不太好的对话	糟糕的对话
一次一人发言。	通常是一次一人发言，偶尔会有别人插嘴打断。	有点儿吵闹，因为常常有很多人同时说话。大家听不清楚别人在说什么。	没有任何人在听别人说什么。老师不得不中止他们的对话。

大约一周后，亚历克萨所教的孩子们对他们的讨论进行评价，并运用制订的评估表给自己评分。在连续几次被评为"极好的对话"之后，他们开始注意到他们的对话在别的方面还有待改进。最终他们将"好的对话"的特征扩充为以下几点：

◎ 一次一人发言；

◎ 我们听到不同人的发言；

◎ 我们持续聚焦一个话题；

◎ 我们从书中寻找证据。

接下来，孩子们运用这样的标准和其他一些更为基础的标准（看着发言人、能够复述伙伴所说的内容）来提高他们在同伴讨论时的讨论水平。

年幼孩子讨论书本的独有特点

我很想说，通过朗读并讨论，我们已经培养了孩子良好的倾听和讨论的能力，而且这些能力很好地迁移到独立阅读课上的同伴讨论中，但事实上同伴讨论常常有其独有的特点。正如汤姆·纽柯克（Tom Newkirk）对儿童讨论书本的描述："它避开了人们的控制，溜进人们始料未及的领域……好比抓一只蝴蝶——你抓得越紧，越有可能扼杀它。何况，何必抓它呢？"

教孩子如何更好地对书本进行讨论，最重要的方式就是让他们投入阅读之中，给他们创造与书为伴的机会。稍微说明一下倾听的重要性并引导孩子们在讨论时可以引用原文，就可以显著地提升年幼孩子讨论书本的能力，且让他们有信心实现更好的同伴讨论（参见下面的表格）。如果给予过多的强势的指导，反而可能毁掉他们的讨论。

Great Reading Partnerships
1. Read one Book at a time.
2. Don't fight about a book.
3. Be flexabele about a book.
4. Have Some Komvers action.
5. They have some time To Think about The Book.
6. Try To pick a good partner.
Signed by Taylor and Emma

良好的同伴阅读
1. 每次阅读一本书。
2. 不因为一本书而争吵。
3. 允许对书本有不同的理解。
4. 进行交流。
5. 花一段时间来思考书本的内容。
6. 挑选合适的阅读伙伴。
泰勒和艾玛

杰瑞米带了布朗温·斯卡菲（Bronwen Scarffe）的《噢，不！》（Oh No!）来参加同伴讨论。在这本书中，主人公不停地出洋相，比如说坐在了油漆未干的公园长椅上，或者将自行车润滑油喷得全身都是。对杰瑞米而言，真正让他感兴趣的是一页纸上的一张图片，一只蝴蝶盘旋上升，身后留下一串黑点。这一串黑点本是用来表现蝴蝶运动的轨迹，但杰瑞米坚信这些黑点是蝴蝶的粪便，他迫不及待地要和山姆分享这个发现。这两个小男孩轮流嗅那一串黑点，假装这是一本可以闻到味道的书。之后杰瑞米拿这本书的主题开起了玩笑，看着自己的手说："噢，不！我手上有蝴蝶的粪便！"他将这个想法进一步延伸，开始用沾满粪便的手碰触其他的书页，每碰一下都喊一声："噢，不！"这样过了一两分钟，两个孩子问老师可不可以去一趟洗手间。"我们得把手洗一洗，因为我们手上沾了蝴蝶的粪便。"杰瑞米说。

与此同时，劳伦和埃尔西两个人并排趴在地毯上，她们面前摊开了一本《姜饼人》（The Gingerbread Man）。她们没有像我期待的那样开始讨论这本书，而是给彼此分配了故事中的角色，同时扮演了起来。她们并不是依次展开对话，而是用她们各自角色的语气同时开始讲话。简直是一场二重奏表演！劳伦扮演姜饼人，她说话的声音高低起伏，而埃尔西则专心致志地模仿狼的低沉的声音。一页接着一页，她们给整本书都配了音，呈现出来的就像是令人印象深刻的"两种声音的诗歌"。

当克莉丝汀和萨曼莎见面分享她们的书时，克莉丝汀迫不及待地向萨曼莎展示她所做的事情。在她看的那一版本的《小红帽》（Little Red Riding Hood）中，有几页只有插图没有文字，于是克莉丝汀用便笺纸将没有写出来的故事情节给补全了。例如，其中一页无字纸上有一幅图片，画着面目狰狞的狼正在吞食小红帽，可怜的小红帽只剩下两条腿还没被吞进狼的血盆大口里。克莉丝汀翻到这一页之后没有写任何东西，急急忙忙地翻到下一页看看后续情节是什么。在下一页，小红帽在狼的肚子里安静地飘着。看到这里，克莉丝汀在一张便笺纸上写道："她还活着，她在胃里漂浮着。"看着她的便笺纸，我仿佛能听到她如释重负地舒了一口气。

克莉丝汀的这个策略如星火燎原一般在她的班上推广开来，不久之后很多孩子都往书中添加他们认为缺失的文字情节。就我看来，似乎克莉丝汀已经发明了一种教孩子们如何推理（inference）的完美的方法。她的这项工程不就是将作者隐含在字里行间的意思清楚地说出来了吗？

在教室的另一边，贾斯敏和诺亚正在一起阅读里奥·哈尔塔斯（Leo Hartas）的《公寓书》（*Apartment Book*）。这本书里有一张公寓的横截面图，看起来像是娃娃屋敞开的一侧，唯一的区别是公寓的横截面图更复杂详细。贾斯敏和诺亚很快翻到了画着一栋高楼的那一页，开始玩过家家。他们的手指就是游戏的主人公。

"噢，我讨厌电梯。"贾斯敏说，她的手指沿着楼梯蹦蹦跳跳地往上走。

"你真是个胆小鬼！"诺亚的右手食指对贾斯敏的手指说："请乘电梯。"

贾斯敏的手指同意了，随后很快就到了九楼。"我到家啦。"在手指到达她的公寓后，贾斯敏用很轻快的声音说。

"哎哟，我忘了带钥匙了。"食指到了他的公寓门口，诺亚说。

与此同时，沙克尔和艾瑞克正在看一本介绍昆虫的写实类图书。

他们的声音开始变得越来越大。我偷偷地观察他们，发现他们正在讨论书中的照片。"这些照片真恶心，"沙克尔见我正在看他们，就说，"看看这个!"

"等一下，沙克尔，你还记得那只黏糊糊的长满毛的虫子吗?"艾瑞克问。

"嗯，我们再把它找出来吧!"他们开始翻书，直到最后翻到一张占两页的图片。

"所以你们在寻找看起来很丑的虫子。你们觉得什么样的虫子很丑?"我问。

"长毛的最丑。"沙克尔回答说。

"不，是那种黏糊糊又有螯刺的虫子最丑。它们太恶心了!"艾瑞克说。不久，这两个小男孩就想出了根据虫子的丑陋程度给它们评分的"好"主意。他们打算评选出最丑陋奖的冠亚季军。

即便孩子们关于书本的讨论最终以蝴蝶粪便或丑陋程度收尾，即便两个孩子同时自顾自地说话，没人听对方讲话，我仍然觉得，每天十到十五分钟的同伴阅读和五分钟的书本讨论是非常有价值的。在我们的教室里，无论是有意识的还是无意识的，我们始终都在定义我们作为群体和作为个体的身份。通过课程选择，我们定义了读写在整个班级里和个人生活中所发挥的作用。在我们鼓励孩子探索出自己的方法，让自己热爱读书、乐于与他人分享图书时，我们进行的教学发挥着多么重要的作用!

我们教育孩子们，作为读者，我们每个人都是独一无二的。除了诺亚，谁会想到当你伸出拿书的手指时，手指会被深深地卷入故事之中，出现丢失了公寓钥匙的情节? 然而这为他开启了一扇门，让他更深入地投入故事中，发挥想象力。同时，我们又对克莉丝汀充满了感激，因为她首创了每个人作为读者都可以参与故事的创作、用自己的文字补充缺失的情节这一做法。

我们教育孩子们，根据阅读进行讨论和写作是一种思考、想象、研究和探索故事的方法。我们孩子的成长将伴随着这样的信念：相信他们根据阅读进行的讨论和写作是十分精彩的，相信当他们在评论文本的时候他们的朋友会认真听他们说话，相信他们的话可以触发一场精彩的讨论。

我们教育孩子们，阅读是他们与朋友及作者（他们也将成为远方的朋友）相处的绝佳方式。我们借助手指、朋友和幻想（即各种方式），让文字生动起来。阅读让你畅游美妙迷人的地方，让你做成非同凡响的事情。除了在故事的世界里，有哪里可以让你碰到蝴蝶的粪便呢？

第四章

教室里的阅读中心（大班和一年级）

我们培养儿童读写能力的方法的一个独到之处是我们秉持着一个信念——使儿童成长为善于思考、富有创见的阅读者和写作者的最好办法，就是自一开始就让他们接触多种多样的读写材料。无论是在哪个年级水平，我们都高度重视儿童的思考和反馈。甚至是学龄前儿童，我们都期望他们能够通过"阅读"来学习，比如说翻阅《国家地理》杂志上的图片。我们旨在帮助所有阅读者（包括年幼儿童）培养良好的读写能力。我们知道，五至六岁的儿童已经可以质疑和比较不同的文本，讨论书本中的重要观点，察觉作者的写作技巧，整合从不同来源获取的信息。我们相信，若一开始就重视培养这种思考性的读写能力，我们甚至可以促进儿童在文字阅读能力方面的迅速发展。

在阅读这个领域，我时常听到人们引述关于儿童阅读的统计数据："世界上 80% 的儿童能够达到目标，"他们说，"不管是哪种阅读培养计划，都是 80% 的儿童达到目标。"

"这些统计数据有什么含义？"我经常如此自问。当人们说"世界上 80% 的儿童能够达到目标"的时候，他们所谓的"目标"究竟是什么？据我猜测，其答案不外乎，80%的儿童能够将印在纸上的字符正确地读出来，组成句子，并理解它们的意思。

然而，我和我的同事从来不提"世界上80%的儿童能够达到目标"，因为对我们而言，"达到目标"不仅仅是让儿童能够阅读，而且得让儿童自愿阅读，并养成经常阅读的习惯。对我们而言，"达到目标"意味着儿童能够像一个受过良好教育的人一样思考和行动，能够将阅读的文本与他们生命中的各种关系、各类规划、各项事业交织起来，"达到目标"意味着儿童能够通过阅读来学习，将阅读获得的信息转化成新的想法和行为。

在追求更高层次的读写能力的征途之中，我们并非踽踽独行。举例来说，纵观纽约州，越来越多的人认识到"达到目标"的含义不应再如以往那么狭窄。我们的标准化测试也随之做出了相应的调整，不再是要求学生死记硬背的多项选择考试。如今，我们的学生在九岁的时候，就必须能够综合理解和分析课文，根据课文回答各种书面问题，并能够对其回答进行清晰的表述或解释。

我无法想象有人会反对培养更高层次的阅读能力，至少在理论方面，不应该有人反对，这种更高层次的阅读能力就是思考性的读写能力。对于如何在小学低年级阶段的课程中实现这一目标，我们尚未形成统一的意见。例如，很多人主张低龄儿童应该先训练阅读，大概自三年级起开始训练通过阅读来进行学习。

阅读中心的新形象

在小学低年级教室中，前半年，孩子们将大量的阅读时间用来思考和讨论他们读过的书。我们将这种对阅读的思考性回应集中出现的课程结构称为"阅读中心"。这个名称让我们想起一群孩子，他们分成很多小组，每个小组围在一起阅读和讨论一系列相似的文本。对我们而言，"中心"这个词指的不是地点，而是孩子形成的小组，我们也可以将之称为"文学圈"或"回应阅读小组"或"读书俱乐部"。

阅读中心是我们阅读课程的组成部分，集中体现了我们对思考性的读写能力的追求。我们的阅读中心更类似于文学圈，而不像其他老师设立的识字工作坊或活动中心。通过这些识字工作坊或活动中心，老师达成的愿望是，在他们进行阅读小组活动指导的时候，学生会保持忙碌，而不是放任自流。但是，正如本章节将要展示的，我们所指的阅读中心或文学圈与之还是有一些差别的。

工作重点

在大班至二年级的教室里试点阅读中心的时候，我们是围绕着全班聚焦的主题设计的。两周时间里，孩子们与他们的组员碰头，一起阅读文本并对它们做出回应。这些文本是整个班级聚焦的材料的一部分。班级里各个小组的成员可以选择他们最喜欢的作者，对作者进行研究。在朗读环节，全班可以一起学习梅姆·福克斯的绘本，而到了孩子们分组学习的时候，他们可以选择乔伊·考利、贝弗利·克利里（Beverly Cleary）或埃洛伊丝·格林菲德（Eloise Greenfield）的作品。要每个小组选读不同作者的作品，原因之一是，通常而言，没有一个作者可以使每个人都能从他的作品中找到适合自己水平的读物。阅读中心无须过多关注作者研究。在一个一年级的教室里，全班学生在一起研究诗歌，孩子们分成两组、三组或四组，分别学习"童谣""贺卡上使用的祝福诗""阿诺德·阿道夫（Arnold Adoff）的诗歌作品""可用于拍手/诵读游戏的诗歌""形状奇怪的诗歌"和"适合大声朗读的有趣诗歌"等。通常我们可以从下列话题中选取一个，围绕这个话题组织全班性的阅读活动。

围绕着某一类书组织阅读中心	围绕着某一体裁的文本组织阅读中心	围绕着概括性的话题组织阅读中心	围绕着阅读目标组织阅读中心
◎入门书	◎纪实类	◎系列书	◎朗读
◎列表书	◎诗歌	◎最喜欢的作家	◎有助于我们写作的书（描写、对话、事件复述）
◎图案/规律书	◎神话	◎角色研究	
◎无字绘本	◎传记	◎诙谐的书	◎建立相似书之间的关联
	◎童话故事	◎引发情绪反应的书	
	◎童话故事的改编	◎有关某一研究主题的书（如植物、太空）	◎根据文本学习某项技能（溜溜球、翻绳、画马）

时间安排

通常，在孩子们刚入学后的几个月内，我们会以阅读工作坊的形式帮助他们（继续独立）阅读。之后，在十二月份或一月份的时候，我们开始启动阅读中心。此时，孩子们已经能够独立阅读适合他们水平的图书，每次阅读的持续时间可以达到二十分钟，能够标注出他们想要讨论的部分，然后与同伴一起重新阅读并讨论这些图书。在我们启动阅读中心之前，我们会给学生讲授大量针对图书进行讨论和思考的方法。例如，寻找两本书之间的联系，关注和讨论一本书中看起来很重要的内容，思考这本书是以何种方式组织内容的，或者探究书本呈现的规律（以及对规律的突破），设想故事人物的心理活动，质疑故事的情节，等等。通常在开始之前，我们已经很确定大部分学生可以在阅读的同时把握自己的理解，纠正自己的偏差，使用一些策略处理遇到的问题，而且能与同伴融洽地合作。

我们围绕全班聚焦的话题组织的阅读中心一般持续两周，一个阅读中心的成员每周见面三至四次。阅读中心可以替代独立阅读时间和同伴阅读时间，或与之结合并为之提供新的方向。阅读工作坊以迷你课开始；之后，孩子们在各自所属的阅读中心之中交替进行阅读和讨论的活动；最后，全班一起分享并结束阅读工作坊时段。到二年级的时候，阅读和讨论这两种活动彼此更加独立，持续的时间更长。孩子们可以先安静地阅读二十分钟，给打算讨论的页码做上标记，之后再与阅读中心的其他组员讨论。在幼儿园和一年级，阅读中心规模很小乃是常见现象，时常只有一对阅读伙伴（或者即便有四个孩子，他们大部分时间里也是分成两对阅读伙伴进行讨论的）。到了二年级，每个阅读中心通常由四个孩子组成，而不再是只有两个人。这种结构相对而言更加复杂难控，但是它能给参与者带来更大的进步，同时也对他们提出了更高的要求。在不举办阅读中心的时候，独立阅读工作坊按照正常的流程进行：迷你课—独立阅读时间—同伴阅读时间—分享时段。

成员和活动

通常，我们根据阅读能力，将孩子们分在不同的阅读中心，这样他们才能一起阅读文本。例如，阿诺德·洛贝尔（Arnold Lobel）阅读中心的成员可以是两个已经做过阅读伙伴并且都读过"青蛙和蟾蜍在一起"（*Frog and Toad Together*）系列书的孩子。那么，阅读中心与同伴阅读到底有何区别呢？确实，二者之间的界限比较模糊。阅读中心为孩子们的阅读提供新的框架，设置新的目标，但是阅读的本质与以往并无多大不同。如果阅读中心包括四个人（而非两个），那么有可能它只是由两对阅读伙伴组成，可能两个孩子都能阅读《青蛙和蟾蜍在一起》，他们就组成一对伙伴，一起"研究"阿诺德·洛贝尔（该书作者）。故而，阅读中心与阅读小组或同伴阅读并无特别明显的差异。然而，对儿童而言，阅读中心能给他们一种全新的、令人兴奋的体验。

阅读中心并非实体。一个"典型"的阅读中心的成立并不需要我在布告栏里贴满卡姆·延森（Cam Jensen）和玛德琳（Madeline）的信息。通常，阅读中心的成员每次都在同一个地点见面讨论，但是地点并不是阅读中心的有形展示——能够展示他们组成了阅读中心的唯一实体物品是一个移动的塑料书筐，书筐上贴着书单。如果阅读中心于十二月份启动，那么要将收纳着常规图书的书筐从书架上移下来，将装着读者最喜爱的图书的书筐摆放到书架的最佳位置。带红点的书筐不再像以往那般重要，取而代之的是帕特·哈钦斯（Pat Hutchins）的"小矮人"（*Titch*）系列图书（但是"小矮人"系列作品都标有红点，这并非巧合）。

根据我们智囊团 ① 最初对阅读中心的构想，阅读中心的活动应该是这样的：一组一年级学生组成一个阅读中心，比如拜伦·巴顿（Byron Barton）阅读中心，之后他们四散开来，在整栋楼里寻找拜伦

---

① 这里的智囊团包括研究和讨论过程中，一同参与的作者、合作研究者、老师等。

的书。到了下午，孩子们已经找到大量的图书。虽然搜集图书是一个令人振奋的过程，且无疑能够教会孩子们很多东西，但是它有一个明显的缺点：它会给图书馆带来沉重的负担，因为我们不得不反反复复地将各种特定种类的图书借出来又还回去。更重要的是，一旦孩子们搜集到超过二十本相关的图书，他们一整个星期就只会不停地阅读、阅读、再阅读。我们希望孩子们能够将一周的时间用来阅读、分析、比较，然后再继续阅读。因此，我们相信，一开始的阅读量定为两本比定为二十本更好。如果一个汤米·狄波拉阅读中心给出十八本书的阅读清单，那么孩子们只能走马观花地随便浏览一遍，随意提出一些看法。如今，我们建议这样的一个汤米·狄波拉阅读中心一开始只选择两本书来阅读和讨论，之后再增加第三本书甚至第四本书。这种做法与我们的信念非常一致，即不求数量但求质量。

正如我之前所言，如果有四个孩子组成了阿诺德·洛贝尔阅读中心，另外有两个孩子研读乔伊·考利的作品，还有一组孩子阅读贝弗利·克利里的书，那么我们可以同时设一个全班性的阅读主题，比如让全班学生一起阅读梅姆·福克斯的书。我们可以抽出一天的时间，先让孩子们看看她某部作品的封底，粗略地了解她的生平，之后让孩子们带着这个问题读一部她的作品——"她的经历在书中留下了什么烙印？书中哪些部分体现了她个人的风格？"如果我们在迷你课上以这种方式研读梅姆·福克斯的作品，那么孩子们到了他们各自的阅读中心时，也会按照相同的步骤阅读他们选择的图书。

第二天，我们也许会让孩子们重读梅姆·福克斯的同一部作品，以这种方式传达给孩子们一个信息：在研究某个作者的作品时，我们需要反复地回归文本，仔细研读，并用心思考作者是如何写作的。同样地，孩子们在他们各自的阅读中心研读他们选择的作品时，也会依样画葫芦地重读文本。到了第三天，我们可以一起阅读梅姆·福克斯的另一部作品，同时将之前读的那本书摊开了放在身旁，在阅读第二本书的时候可以时不时地停下来，翻翻第一本书，找出两本书的异同。

　　不久之后，我们就可以问孩子们："在你们各自的阅读中心里，你们有没有想过读者在研究某个作者的作品时还有哪些事情可以做?"很快，孩子们就会诞生一些想法。我们可以在全班一起研读梅姆·福克斯的作品时验证这些想法。如此，我们可以和孩子们一起搭建出阅读和回应的全套策略。

阅读中心的指导原则

　　我们仔细观察，之后积极、坚定地进行干预，提高孩子们在阅读中心做事的质量；我们组织迷你课和策略课，给他们提供可能需要的阅读策略。我们有时在阅读中心与孩子讨论，在策略课上和阅读中心的成员们一起学习阅读策略，有时则以指导阅读小组的形式指导阅读中心。阅读中心不是让孩子们忙于读书而让我们置身事外的地方。如果想让阅读中心有价值，对得起孩子们投入的时间和精力，那么我们自己也要投入时间和精力。想要了解一个老师对阅读的态度，最简明的办法就是观察她在阅读课上是如何安排自己的时间的。我们认为帮助孩子们发展出一种积极主动的、富于思考的、富有创见的阅读习惯是非常重要的，我们无法想象如果仅是让孩子们自行阅读，而老师在一个又一个的小组之间走动，对每个小组都只是稍作指导，这个目标如何能够实现。从古至今，学校教育中没有任何证据可以让我们相信，即便我们不花时间提升阅读中心的质量，孩子们自己也可以从中获益良多。

阅读中心是另一个平台，用以帮助孩子们做世界上优秀阅读者所做的事。虽然让孩子们用书中的生词做填字游戏，或者用辅音音节和常见词玩绕口令或配对游戏，或让他们续写故事，并无什么害处，但是我们更希望能让他们像所有其他的阅读者一样去阅读。我们可以问这样两个问题："这是不是我自己在阅读的时候会做的事？""我是否希望孩子们自己在家独立阅读的时候也去做这些事？"如果答案是肯定的，那么这个活动很可能适合在阅读中心采用。如果你不希望孩子们自己在家读《卖松饼的人》（*The Muffin Man*）这首诗的时候会中途丢下书去给自己做松饼，那么在阅读中心，你就不要叫他们用黏土捏松饼。相反地，在阅读中心我们应该用受过良好教育的阅读者的阅读方式来培养孩子们：深刻地探讨图书，在书中邂逅前所未闻的奇闻趣事，思索写作的技巧，想象故事的戏剧性，与朋友分享自己的阅读感受，追寻思想理念。

让孩子们参与制订阅读中心的计划。由于我们将阅读中心视作让孩子成长为优秀的阅读者的途径，我们觉得十分重要的一点就是，让他们对自己要在阅读中心的框架内做什么有自己的想法和计划。很多时候，就像我在梅姆·福克斯作者研究中所做的，我们一开始会示范讨论文本的方式，孩子们也会通过他们可以使用的阅读策略提出自己的想法。我们引导孩子体验老师设计的教学活动，目的是让他们认识到，在他们独立阅读的时候，有这么一系列的可能可供他们参考借鉴。一旦阅读中心正式启动，孩子们可以选择给文本中有趣的部分做标记，可以制作一张表格比较两本书的异同，可以反复阅读一批传记性质的图画书并给它们分类，可以将熟悉的诗歌改成歌词来唱，可以做很多活动。

管理阅读中心的一些小建议

◎ 在阅读中心的整期活动中，孩子们必须始终待在阅读中心，和其他的成员们一起参加活动。孩子们不能同时参加两个阅读中心。

◎ 阅读中心不宜一期连着一期不停地举办，中间留出间隔的时间更有益处。在举办一到两期之后，我们可以回归独立阅读和同伴阅读，这样在下一次举办阅读中心时，孩子对它还能保有新鲜感。

◎ 如果一个阅读中心有四个孩子，那么他们应该两两组成阅读伙伴。有时他们可以两两阅读和讨论，有时又可以四个人共同进行。

◎ 每次阅读中心都应该在同一个地点举办，这样可以避免孩子们乱走动的情况。

◎ 一开始，只能给孩子们几本书。如果一开始就给孩子们很多书，他们会倾向于尽快地"浏览"所有图书，于是就不太会停下来讨论。

◎ 若是有的孩子阅读时显得吃力，我们可以用他们的阅读中心所选读的图书作为素材组织迷你课。这会提示这些文本的重要性，鼓舞他们继续阅读。我们可以从他们所读的书中至少选出一本进行集体朗读，这会让他们更愿意参与此书的讨论。

◎ 若是阅读中心的主题与所有孩子所读的作品都有关联，这可以令孩子们更加专注地阅读自己的书，而且有助于培养孩子们的团队意识和集体意识。一个与所有孩子都相关的、概括性的主题，可以让学有余力的孩子和学得吃力的孩子找到共同话题，不至于令一部分学生感觉被排除在外。

阅读中心的组织架构提供了一个高度精巧的、可预见的框架。在这个框架内，老师和孩子们都可以依据各自的兴趣、爱好、喜爱的作家、跨学科的探索等多变而又难以预测的因素，自由地进行阅读和学习。尽管一期阅读中心的活动可能是指导孩子们阅读一些列表类的书，采取相应的策略指导他们进行写作，另一期可能是指导孩子们体会书中人物角色的变化，但是无论每期阅读中心的活动主题是什么，所有的阅读中心都必须有一个始终如一的、清晰明了的框架，我们必须保持这个框架不变，使之可控，这样方能让孩子们无拘无束地表达想法。

如何让阅读中心运转

勒妮·迪纳斯坦在将阅读中心引进她的大班教室的时候，她首先组织了一期短暂的阅读中心活动，主题是研读无字绘本。这一期阅读中心活动起始于十一月中旬，她将孩子们分成小组，每个小组都是由一对阅读伙伴组成（这是她的阅读中心的构架），并给每一对伙伴一本无字绘本。同时，当一天的阅读中心活动开始的时候，孩子们一起坐在地上，针对不同的无字绘本进行讨论，这实质上是一个全班性的阅读中心。去年秋天，在一节迷你课上，勒妮在班上提醒孩子们他们前一天的决定：读无字绘本的一个方法就是研究每页的图画，然后像一个作家一样，根据一组图画编出你自己的（口头）故事。"你们在给这本书编故事的时候都表现得非常出色，"勒妮说，"之后你们在各自的阅读中心，给你们自己的书编故事的时候，你们的表现也给我很深的印象。"之后，勒妮说："今天，我觉得我们可以重新阅读这些书，找出最喜欢的几页，我们可以真正地研读这几页，然后多花些时间讨论我们都注意到了什么、想到了什么。"这一年的早些时候，不管是全班性的阅读中心，还是小组的阅读中心，持续的时间都不超过十至十五分钟，当他们最终将这个时间拉长了之后，孩子们表现得很专注、很投入，提出的想法很有建设性。勒妮同时也能够让孩子们做到独立阅读。在研读无字绘本一周之后，勒妮的课堂重新回到他们之前安排的独立阅读和同伴阅读。再过了一两周，她又重新安排一轮阅读中心，这一次，是第一次"全班性的阅读中心"，孩子们围坐在地上讨论图案／图画书，之后分散开来，回到他们各自小组的阅读中心，将刚刚通过朗读一起练习的策略运用到各自的阅读中心的活动中。

在进行了几轮全班性的阅读中心之后，一些老师会引入开放式阅读中心。在开放式阅读中心，每组孩子可以探寻他们自己感兴趣的话题。一旦孩子们了解了阅读中心的构架，他们就能够从各自阅读的图书中找到很多话题，自行组织阅读中心。有时这些由孩子们发起的阅读中心可以与独立阅读活动并存。一组孩子在独立阅读的时间里一起做某一件事，他们一起做的事情我们可以称之为阅读中心。最终，这两个或四个孩子的做法可以作为范例展示给其他孩子看。有一次在同伴阅读时间，西莉亚和艾比这两个孩子气喘吁吁地跑到老师特蕾莎·卡卡瓦莱面前，手里抱着四本书。艾比说："卡卡瓦莱小姐，你看，我们注意到这四本书的结尾部分都有一个规律被打破了。"

"对，"西莉亚接过话，"我们刚才在读书，发现它发生了变化，跟今天你朗读给我们听的那本书一样。"

特蕾莎说："你知道的，我开始觉得很多书都有这种情况。先是我这本书，接着你又找到四本这样的书。我怀疑我们是不是可以找到更多其他的？"

小女孩儿们兴奋地点头，抓着彼此的手，对特蕾莎表示她们可以找到。"是的，我们可以看看这些标有橘色点的书，因为这些书里可能更多地存在这种情况。"西莉亚说。艾比顿了一下，接着说："我们可以把找到的书放到一个筐里。"特蕾莎问："我们给筐起个什么名字好呢？"艾比回答说："我们可以称它为图案/图画书筐，这样别的小孩也能看到这些书。"不久之后，图案/图画书筐就堆满了书，变得乱糟糟的，因为图书馆里的这类书实在是太多了，尤其是一年级的读物中。不久之后，小女孩儿们又开始讨论她们在书中发现的其他共同点了。"这些书很多都是关于追逐的。"她们说，然后就动手去探索这一话题了。

此外，其他孩子可能在独立阅读时对某个话题感兴趣，他们因此结成阅读伙伴，一起去探究这个话题，他们的这种做法也可以称为阅读中心。例如，学校的报纸到了，报纸里有一篇关于残疾人奥运会的文章。某个小孩说她有一本关于残疾人奥运会的书，或者她的奶奶参加过残疾人奥运会，或者她在电视上看过残疾人奥运会的比赛。这样，很快，一个新的阅读中心就会随之产生，并自动地开始运转。一个孩子将他的连环画、棒球卡、"口袋妖怪"卡或者乐高积木的说明书带到学校，一个朋友对他的东西感兴趣，他知道另一个孩子有相关的书，不久之后，他们就可能组成一个新的阅读中心。由此可见，很多时候，我们支持孩子们自发组成阅读中心，不必遵照老师指定的主题。我们鼓励孩子们在独立阅读时间里产生新的阅读中心。

一旦开始采用开放式阅读中心，我们一般会要求老师将新的阅读中心的想法（包括话题和成员）及时记录在公告板上。（这样的话，我们就不需要在周五下午问孩子们："下周我们要开始新的阅读中心，你们有什么想法？"）使用公告板让我们可以在独立阅读时间或其他时间与孩子们讨论，帮助他们构思自己的阅读中心。由于公告板不是在众人瞩目的情况下写出来的，我们可以有更多的时间更合理地安排分组、选定话题。

在凯茜带的班级里，在一期开放式的阅读中心中，雅各布用便笺纸在公告板上贴了这么一句话："NBA 中心——雅各布和查理。"凯茜走到他们面前，与他们讨论："我只想确认一下，看看你们俩对你们的阅读中心有什么想法。"

雅各布说："我有一本关于迈克尔·乔丹的书，里面有很多图片。查理家里有很多篮球杂志。因此，我们想要做一个关于篮球的阅读中心。"由于雅各布和查理的阅读能力很强，之前他们作为搭档的表现也很抢眼，所以凯茜将他们的 NBA 阅读中心登记了下来。在当天的分享会上，凯茜跟全班学生分享了雅各布和查理的关于 NBA 阅读中心的想法和他们打算阅读的内容。班上另一个孩子埃里克斯说："我哥哥有本书是关于篮球规则的，他在一家俱乐部打球。我可以把那本书带过来给你们。"

"我书包里有一些篮球卡，可以借给你们，但是你们要还。"乔纳森接着说。

"哇，你们俩下周的阅读中心可有很多事情要忙了。"凯茜对雅各布和查理说。他们相视一笑，高兴地击掌庆祝，明显地对即将到来的阅读中心感到十分兴奋。"其他人要是也有好的想法，可以像查理和雅各布一样将它贴在公告板上。"

六岁的泰勒决定做一期关于猫的阅读中心，他手里已经有三本相关的书。"我想做一次关于猫的阅读中心，因为我妈妈说，如果我养的兔子死了，我可以买一只猫。"泰勒说，"我必须了解一些猫的知识，这样等兔子死了，我才可以照顾好小猫。"接着，泰勒说："我想和艾玛一起做这个阅读中心，因为她以前养了一只猫，那只猫叫卢梭，已经死了。她很了解猫，也了解死亡，我想为我的兔子做点儿准备。"

到了全班学生聚在一起分享的时候，凯茜对孩子们说："泰勒今天做了一件很棒的事情，她搜集了一些关于猫的书，因为她很快就要养猫了。"

"要等我的兔子死掉，所以也许不会很快。"泰勒补充了一句。

凯茜点了点头，接着说："泰勒想要学些关于猫的知识，她打算针对这个做些研究。这让我想起来我以前买自行车的事，我当时读了非常多关于自行车的杂志和图书，想要给自己选一辆最好的自行车。我当年对自行车做了好一番研究，就像泰勒现在要研究猫一样。"

无论阅读中心的主题是什么，它们都能让孩子们理解一点：读书是有理由的。我们阅读，有时是为了开怀大笑，有时是为了寻求建议，有时是为了排解孤独，有时是为了了解一些陌生的地方，有时是为了追寻与我们不同的人的生活足迹，有时是为了铭记其他的生命，有时是为了从一些可爱的事情上获得乐趣，也有时是为了让自己感动落泪。让孩子们自一开始就意识到读书与生活和生命息息相关，这是多好的一件事！

活动期间的见面和辅导

在阅读中心活动期间，我们在孩子们之间走动，和他们见面并辅导他们。一年级学生在他们的阅读中心阅读罗伯特·卡鲁斯（Robert Kraus）的《大器晚成的列奥》（*Leo the Late Bloomer*）这本书期间，老师汉娜·斯可妮温德（Hannah Schneewind）与他们进行讨论。其中一个孩子最近刚刚和他大班时的阅读伙伴读了鲁斯·克劳斯（Ruth Krauss）的《胡萝卜籽》（*The Carrot Seed*）。"等一下！"他一边看着《大器晚成的列奥》一边说："这本书与《胡萝卜籽》非常相似。在那本书里，大人们一直说：'不会发芽的，不会发芽的。'但它最终发芽了！"不久之后，孩子们就开始兴致勃勃地找其他书中大器晚成的角色。他们最开始的时候从列奥系列书中找大器晚成的角色，但是到了后来，这个阅读中心的主题从一开始的列奥变成了"大器晚成者"。很多时候，我们与孩子们见面讨论，只是帮助他们在阅读中找到方向。

之后，汉娜走到了克里斯和萨拉身边。萨拉从她家里带来了一本罗素·霍本（Russell Hoban）的《弗朗西斯》（*Frances*），她好像没看到老师在一旁似的，继续跟她的伙伴说话："就是这本书啦。我从图书馆借来的，我已经都读完了。我们先从这本书开始吧，我可以大概地告诉你弗朗西斯是什么样的。"她开始翻阅书本。

"看起来好像很有趣的样子。"克里斯倾过身来，看着翻动的书。

"是的。看这个！看看她的手有多小！太可爱了。"萨拉指着某页上的一张图说。

"看看她的脚！"克里斯也开始指着书说道，"再看看她的眼睛，好小，真小，太小了！"

他们就这样浏览了六七页之后，萨拉抬头看着克里斯问："你有没有什么想法？"

"有。"他一边点头一边说。"那我们开始读这本书吧！"萨拉开始大声朗读书中弗朗西斯躲在厨房水槽底下的那一部分。

"哈，"克里斯插了一嘴，"我也做过这种事。"

"什么？"萨拉问。

"躲在家里的一些地方，"克里斯解释道，"比如说在我的床底下。要不是我们家水槽底下太脏了，我觉得那真的是一个特别棒的躲藏的地方，你知道的，就像弗朗西斯一样。"

萨拉接着说："我的房间里有一处特别好的位置，它刚好能藏下我，还有我的毛绒玩具。如果我藏在那里，我家里没有人能找到我。"

汉娜选择在这个时候停止她的观察，转而与他们进行讨论。"我能打断你们一两分钟吗？我已经在这里观察你们几分钟了，对于你们做的一些了不起的事情，我感到很吃惊。我只想跟你们再确认一下我刚刚看到你们在做的事情，以免我理解错了。首先，我注意到你（看着萨拉）刚才通过浏览图片的方式向克里斯介绍了这本书。你说你想让他看看弗朗西斯是什么样子的。"

"是的。"萨拉点点头说，"我周末刚刚读完这本书，所以我只想让克里斯大致地了解一些东西。"

汉娜说："你这么做真是细心周到，而且也很聪明。无论什么时候，我的朋友要是给我推荐书，他们都会给我大概讲讲书的内容，好让我对它们有点儿概念。克里斯，萨拉这么做有没有给你一点儿帮助？"

"有点儿吧，"克里斯不怎么确定地回答说，"我知道这本书可能会很有趣。"

尽管克里斯有点儿模棱两可，汉娜还是接着说："你们做的另一件特别棒的事情就是你们中途停下来跟对方讨论你们与弗朗西斯相似的地方，就是你们都喜欢在家里找一些地方躲藏起来。你们是否因为你们与弗朗西斯有相似点而觉得你们对她的理解更深了一些？"

"是。"克里斯说，"我们都喜欢躲起来，就像弗朗西斯一样。"

"是的，尤其是当我们很生气或者遇到什么事的时候。"萨拉补充说。

"哇！"汉娜说，"我真的可以理解为什么你们想要连续读弗朗西斯的几本书了。"汉娜接着提出了一个更高的要求："你们接下来读书的时候可不可以一直保持这种想法？你们能不能一直思考你们与弗朗西斯有什么相似的地方？"

"我想应该可以吧。"萨拉不是很确定的样子，回答说。

汉娜带着一种可以感染人的热情继续说："记录下你们的发现是非常好的做法，记录下你们喜欢的内容的页码。而且你们知道吗？由于你们都这么喜欢有关弗朗西斯的书，你们可能在家里的时候也会想看，所以带几张便笺纸回家，这样你们看书的时候，如果有些地方你们想要和对方讨论，就贴上便笺纸做个标记。这个听起来怎样？我觉得也许对你们有帮助。"

萨拉点头赞同。汉娜开始将这些计划写到他们各自的阅读笔记上。"我会去拿一些便笺纸。"克里斯说。汉娜要去其他组看看，但是在走之前，她停了一下，对萨拉说："我现在要去其他组看看他们是不是也有这样做。如果没有的话，我会告诉他们要试试你们的做法。"

亚历克萨的教室里也有类似的例子。埃里克斯和马克，两个一年级的学生，一开始聚在一起研究《青蛙和蟾蜍在一起》，但最终他们有了一个新的关注点——努力非常通顺地朗读《青蛙和蟾蜍在一起》。"我们想要通顺地朗读。"埃里克斯解释说。他们最早将注意力放在准确地读出每一个词上。他们用便笺纸将难词都标注出来，然后一起学习这些词。之后他们开始尝试改进自己朗读的语音语调。埃里克斯对马克说："我觉得你在读'青蛙说'之前应该先喘一口气。"于是马克试着重新读了一遍这句话。不久之后他们开始尝试在阅读中融入感情，在该悲伤的段落表现出悲伤，同时也尝试加快朗读时的语速，并模仿亚历克萨朗读的嗓音。到最后，他们的关注点从《青蛙和蟾蜍在一起》这本书转移到了朗读一系列的图书。

对文本做出回应的方法

在阅读中心，孩子们可以学到一系列针对书本进行讨论、思考甚至写作的方法。在一个阅读中心生发的想法理念通常也适用于其他的阅读中心。例如，在一个孩子们称为"死去的狗"的阅读中心，安琪儿和里欧两个人决定将他们找到的含有狗死去情节的书分类并划分等级，他们给情节划分等级的标准是：有些悲伤、很悲伤、非常悲伤。他们这种分级的方式，是借鉴了他们班上其他孩子和其他班级的孩子经常使用的回应技巧。他们听说过其他孩子根据画面的逼真程度给他们的图画书分类，或者根据画面的粗糙程度给昆虫图书分级。有些孩子用星级系统（一颗星表示一般，两颗星表示良好，三颗星表示极好）给图书评级或分类，也有一些孩子使用电影分级系统（G、PG、PG–13 和 R 等）来体现他们自己的分级体系。

孩子们也知道，读者们读完一本书之后，通常会翻出一些段落进行讨论。于是，孩子们知道，像给选定的内容做标记这样简单的技巧就可以为自己后面的讨论提供强大的支持。在二年级的一次侦探故事阅读中心中，孩子们阅读大卫·A. 阿德勒（David A. Adler）的《卡姆·简森》（*Cam Jansen*）、麦娇莉·莎梅特（Marjorie Sharmat）的《大侦探内特》（*Nate the Great*）和伊丽莎白·利维（Elizabeth Levy）的《怪事》（*The Something Queer*）等书，他们商定的共同任务是，当他们读到某个地方猜到了故事的真相的时候，就在这个地方用便笺纸做标记。往书页上贴便笺纸并没有什么难的，但是带着"在什么地方我们能了解到故事的真相"这样的思考去阅读一本侦探故事无疑是极为聪明的阅读策略。我看到孩子们在这些地方做了标记：

◎ 他们洞悉了作者的整体构思的那一页。

◎ 主角发生改变的地方。

◎ 书中让他们想起自己的生活的部分。

◎ 与其他书有雷同的章节。

◎ 未解之谜的线索。

◎ 某些读者不赞同／批判的生活观点。

◎ 那些他们想要模仿作者构思的地方。

◎ 可供讨论的很酷的部分。

◎ 有核心冲突的地方。

◎ 书中某个规律被打破的地方。

这是从标记书中的部分内容到制表的一小步。在很多阅读中心里，孩子们是独立阅读一本书的，他们会标记那些自己关注的点，或者与他们的聚焦点或主要观点一致的部分；而后他们会聚在一起，就像萨拉和克里斯在读《弗朗西斯》时那样，他们各自读了之后再一起讨论彼此标记的部分。如果他们彼此认同某一点，即这部分内容吻合正在讨论的主题，他们将记录下页码。再比如，当我在一旁观察布里安娜和玛克辛这两个一年级孩子组织的有关辛西娅·劳伦特（Cynthia Rylant）的《亨利和玛吉》（Henry and Mudge）的阅读中心时，其中一个女孩儿评论道，她很好奇如果小狗马奇去了宠物狗训练中心，就像书里那样，他会不会好一些。"你提出了一个非常好的问题。"我说，"马奇是这本书里非常重要的一个角色，所以问'他会改变吗？'很聪明。"很快地，在我的启发下，女孩们开始聚精会神地在几本书的封面上找信息来验证这一系列的书是否遵循这样的排序。最终她们表示答案是肯定的，并将几本书串联了起来。接下来，她们决定重读关于宠物狗训练中心前后的故事，并标注小狗马奇行为不当的内容。而后，布里安娜走向玛克辛，两个人一起审阅彼此标记的部分。如果她们都同意在某一标记中马奇确实行为不当，她们就把书名和页码记录在柱状图表上，并将表格命名为"进入狗训练中心前的坏行为"。

几年前，我观察过一个大班的阅读中心，孩子们发现正在读的两本书都跟"追逐"有关。随即，他们开始翻阅班级里所有的图书来寻找包含同样主题的那些书。我吃惊于他们翻阅的书堆，更着迷于他们为了研究而进行的大量阅读、讨论和思考。同样地，我还看过一些孩子在寻找与"旅行"相关的图书。他们用让人惊讶的热情对比这些书：这本书里的旅行花了多久？那本呢？最后书中的人们回到了家还是走得更远？那本书里的人们在旅行中都准备了什么？这本呢？那些对学习动机非常了解的老师会帮助学生探索与体裁相关的基础问题。书里的角色在旅行中发生变化了吗？旅行中遇到的困难是什么？主角们又是如何克服这些困难的？如果这些六岁的孩子将来在大学选修文学专业，他们会再次学到旅行背后潜在的文学内涵。

在阅读中心，孩子们还会学习那些他们感兴趣的主题。我曾看到一年级的孩子们竞相学习如何照顾一条蛇（此时班级的蛇格雷尼正安静地待在水族箱中）。我还曾见到整个班级的学生在阅读中心研究花、污染、恐龙和其他一些与课程相关的主题。通常，孩子们对纪实类作品的阅读都是从问题着手——这也将锻炼孩子们从书中搜寻答案的能力。一本介绍仓鼠的低幼读物往往不会告诉读者仓鼠能跳多高，同样，关于蜘蛛的低幼读物也不会告诉读者布里安娜家的地下室里究竟是哪种蜘蛛在结网。

来到阅读中心学习，孩子们可以依据一定的品质来判断这些书，并进行分类和排列。他们可以依据某个特定的原因来定位书的某一部分，而这些书因为某个特定的原因而值得关注。他们也可以利用图表来列出自己读到的书的内容。他们还可以继续寻找类似特征的书。

我所列举的有关阅读中心的例子也可能会误导你。学生只有被鼓励对书做出反馈，他们才会真正产生很多绝妙的主意和主题，当然这其中也会伴随许多问题式思考。一旦一组大班的孩子们决定比较两本书，他们会坐在一起，每个人手里都仿佛拿着一副扑克牌似的捧着书。每个人都打开第一页，一个孩子扫视了这一页并说道："我看到一个 W，你们那里有 W 吗？"另一个孩子也会迅速扫视并回应道："我有！"然后，第二个人自然而然地明白了这次阅读的"潜规则"，他选择了另一个字母："我这里有个 H，你们有吗？"还有一次，我看过一年级的孩子研究乔伊·考利的作品，他们最终得到的最大结论是她的书都是橘色的！

关于阅读中心最棒的地方在于，即便孩子们只是在说"嘿，你的书的第一页有 W 吗？"，他们的工作依然充满价值。当然，寻找 W 并非我对于阅读中心某个主题的想法，但是能让两个五岁孩子一起对着书做些奇妙的、充满趣味的事情不恰恰是最有力量的主题吗？

假设正如研究者们断言的那样，80% 的孩子学习阅读是非常轻松的，这归功于孩子充满活力的、富有建设性的大脑，那么我更乐意去相信，正是这样的阅读中心唤起了孩子的活力和建设性思维。阅读中心邀请孩子通过图书去体验主动、无尽的想法和愉悦。我们还能要求什么呢？

第五章

九月阅读工作坊（二至八年级）

虽然我知道快开学了，但是八月份第一片变红的叶子还是让我措手不及。想到童年时代那过不完的夏天，我的心总会感到甜美的疼痛和遥无边际的悲伤。但是我也知道，那些被拖延的事很快就需要做了。就像向日葵转向太阳一样，从发现第一片泛红的叶子开始，我的日子便转向了九月和开学。

我是多么喜欢八月份的那些清晨，独自一人在教室里忙碌着。我把地毯从教室的一个角落拖到另一个角落，让它和高高矮矮的书架搭配；我摆放好诗歌类图书和干花。我就像一个正在灌木丛里搭建大厦的孩子。这就是八月份的教学准备。我们把书放在筐里，想着如何引导孩子们来读这些刚好适合他们的书。在教室图书区的前方，我们紧靠着椅子准备好黑板架，憧憬着我们和孩子们一起背诵第一首诗。

新学年的一开始完全值得我们这样去做，甚至做得更多。在孩子们跨过门槛进入教室的瞬间，就会有大量惊人的教学活动发生。在第一章，我引用了杰里·哈斯特的话："我把课程看作是在教室里创建一个理想的世界，然后邀请学生进行角色扮演，进入他们想要成为的读者、作者和学习者的状态。"面对在教室里开展阅读工作坊的挑战，他的这些话值得再次回顾。

一年夏天，我的老公约翰和我带儿子们去落基山（the Rocky Mountain）远足。有时候只是穿过购物广场，迈尔斯和埃万都会抱怨说脚会疼，所以出发之前我们就担心他们会适应不了。我们知道，想要他们背着很大的背包并爬上积雪覆盖的山顶是多么大胆的想法。我们没有和他们分享我们的担心，而是请他们带上自己该带的东西，表现得好像他们当然会接受风河岭（the Wind River Range）的挑战。迈尔斯的腰上挂着一个指南针，脖子上围着一个印花的手绢。埃万则带着个口袋装的折叠刀和自己最喜欢的水瓶。一夜之间，迈尔斯和埃万变成了坚强的、适应性强的背包客。这对于我们来说，是个提醒——我们扮演自己的角色，而这些角色则塑造着我们的命运。

现在，在全国各地的学校，孩子们跨过门槛一进入我们教室，就立刻知道他们到了一个非常珍惜读书和写作的地方。在开学的头几天，当其他的安排还不怎么有效的时候，我们大多数人会每天集体阅读五到六次，以此传达阅读和写作的重要性。我们表现得好像学生和我们一样热爱阅读和写作，而且这是毫无疑问的、肯定的。我们说："阅读和写作会是402教室生活的中心。"我们讨论读写，好像我们无法想象地球上还会有人不喜欢词汇、故事和诗歌。我们说："我们以一件高兴的事来开始新的一天吧。请每人都读会儿书。难道你们不喜欢这样来开始新的一天吗？"我们在教室里传递这样的价值观，即我们把阅读时间当成珍贵的商品，而不是可以浪费的时间。我们问：

"怎样才能快速、顺利地到集合见面的区域而不浪费宝贵的阅读时间呢？"很快，孩子们会帮助我们一起制订系统的教室管理规定，而所有的这些规定会为我们更大的目标服务。

虽然我的同事和我一开始就假设孩子们和我们一样都热爱阅读，而且我们相信这种假设本身就会唤醒一些孩子，但是我们的重点不是确保每个孩子的态度都与我们预期的完全一致。当然，肯定会有拒绝这样做的孩子。一个孩子会抱怨说："噢！啊！难道我们不能玩一会儿电脑吗？"整个班级的学生都会仔细地观察我们的反应。

我会表现出很吃惊的样子，问："你宁愿玩电脑也不愿意读《猫头鹰在家》（*Owl in the Family*）的下一章吗？"我可能会承认这个孩子看起来并不喜欢阅读。我会说："我可以向你保证一件事——今年，阅读对你来说会极为不同。"同时，我会努力动员孩子们像充满渴望的、有激情的读者一样来生活。

我们九月份的目标包括：

◎ 理解性地阅读简单的书。

◎ 有耐力地读很多书。

◎ 流畅地阅读。

◎ 和朋友一起阅读。

◎ 庆祝阅读。

◎ 用可以复述的方法阅读。

◎ 确保读者对文本负责。

这是些宏伟的目标，但并不是所有老师在学期初就这么设立目标，这些目标是可以探讨的。

理解性地阅读简单的书

指导阅读时，有少量的目标是需要我们果断、严格地明确下来的，我们可以完成这些目标后再转向其他的目标。比如说，当初级阅读者读出的字词和书本上文字之间的匹配性很差时，那明确"逐字指着阅读"会对他们有帮助。一旦孩子可以指着读，已经能做到所读字和所看文字之间的一一对应（至少针对那个难度水平的文本），那么就可以帮助孩子停止使用手指而用眼睛看着单词来读，只有在文本变得难些而他需要额外帮助的时候才会指读，这也是同等重要的。按照类似的方式，我建议每位教阅读的老师在学年一开始就脚踏实地引导孩子阅读，也就是先读很多简单的书，能流畅地读这些书，能清晰地理解这些书。在指导孩子们阅读对于他们来说简单的书的时候，如果我们能牢记这只是一个临时的目标的话，我们会少一些纠结。一旦所有的孩子感受到什么是强有力的、清晰的理解阅读，我们会鼓励他们读那些挑战性高一或两个级别的文本，但目的是在读略微难点儿的书的时候保持同样程度的理解。

尽管世界上最好的方法可能是让学生在一学年刚开始的时候就读正合适的书，但是同事和我都知道没有多少图书经过微调就适合孩子并保证孩子们对它们理解和感兴趣。因此，在学年一开始，我们倾向于现在这个想法，也就是我们都读简单的书。我们已经深信，如果我们告诉学生们一开始会读些对于他们来说简单的书、可以让他们读得飞快的书，那么，这会给很多学生这样的印象，即他们需要读这些适合他们的书。在我们数以百计的教室中，我们发现很多学生在新学年一开始就读那些他人希望他们阅读的图书。他们常常觉得提供以前有困惑而现在带有洞的"瑞士奶酪"①版本的书还是不错的。我们知道，让孩子们新学年一开始就读些轻松点的书，对他们来说是没有什么害处的。

当我们九月份做推广读书的会谈并展示某些书的时候，我们会选择一些简单的书，经常是系列书的一部分（学生们读一系列的书，这会确保他们持续关注某一话题）。九月份我们给孩子朗读的可能是篇幅短的、薄的、孩子们容易听而且喜欢的书。朗读结束的时候，孩子们会不愿意停下来。我们会示范怎么开始读书，使用书签来计划读书的进程，在分配好的时间里读大块的内容，而在闲暇片刻读上一小段，在读完这本书之前就安排好下一本要读的书。在这一年开始的时候，我们倾向于仅仅让班级图书馆的部分图书流通。我们常常会用篇幅短的、简单的、熟悉的书来开始图书馆的运转。这会让学生们有一个感觉——以一个好的节奏来读书，这会帮助我们了解他们对书的理解。因为我们知道这些书，所以可以用我们的知识和兴趣来帮助学生们对这些书产生兴趣。我们也可以问问题，并更为有效地诠释学生们的反应。

就像我在《如何有效运用阅读教学策略？》中有关使用分级图书馆和借助评估来教学的部分提到的，我们有时会在新的一年开始时只是呈现图书馆已分级好的图书，我们可能使用一系列的分级图书来粗略地匹配孩子，也就是"他们感觉阅读不错的那个级别"。然后我们和孩子们会观察并庆祝那些积极投入、产生兴趣和做出回应的标志。当萨曼莎的妈妈给她林恩·里德·班克斯（Lynne Reid Banks）

---

① 这里的"瑞士奶酪"应该指的是孩子们比较容易读和理解的书。——译者注

的"柜橱里的印度人"（*The Indian in the Cupboard*）系列的全五本，而萨曼莎许诺她会和朋友们分享这些书的时候，我们会欢呼。我们喜欢埃万宣告说他午饭的时候读了菲利斯·雷诺兹·内勒（Phyllis Reynolds Naylor）的《夏伊洛》（*Shiloh*），我们赞扬乔利用体育课和数学课之间的一点时间看了 R. L. 斯泰恩（R. L. Stine）的《鸡皮疙瘩》（*Goosebumps*）。如果看到一个孩子读书的时候会微笑，或者在我们已经说了"请把书放好并到地毯上集合"之后他还在偷偷地、快速地读完一章节，或者一个孩子在通往地毯的路上还在读书（坐下来却还沉浸在书中），我们会欢呼。而且我们肯定会把孩子们所有的这些投入阅读的迹象当作孩子们正在理解性地阅读的标志。

此外，当我们注意到在独立阅读时间哪个孩子的头摇得像旋转的风扇一样，总是从教室的这边扫视到那边，或者当我们注意到孩子不管什么时候阅读都会每隔五分钟去一次厕所，看起来像得了泌尿感染一样，我们就会拉过一把椅子坐下说："我不知道这本书，你给我讲讲吧。"随后我们可能会说："告诉我你喜爱的一部分。""你可以给我读那段吗？"如果书中说的是爱德华正在生气地踢着海边的一块石头，我们会问："谁是爱德华？他为什么这么生气？"或者有时候我们会问一般性的问题，就是孩子给我们读的这部分是如何与书中的其他内容相关的。或者我们可以问正在读某页的孩子，"所以，告诉我，这页发生了什么？"然后听一听，之后我们会追问："告诉我那部分内容在哪儿。"

我发现，用以下这些问话快速检查，可以相对简单地了解孩子是否理解了一本书，即便我还没有读过这本书。如果我认为这本书太难，有时候这样说很有用，即"这是一本让人困惑的书吗"（差不多

好像是这本书的问题），而不是说"这本书很难吗"。当我问这本书
是否是一本让人困惑的书时，这个孩子很容易耸耸肩说："有点儿。"
我把这当成一个坦白，并赞美这个孩子说："强的读者就像你刚才做
的，强的读者会说'这本书有点儿让人困惑。我打算读一本很大程度
上我能理解的书'。"

在研究"能理解的阅读"这一单元的时候，我们不仅与学生交
谈，还会就寻找容易或者合适的书这一主题提供迷你课。在近期的一
节迷你课上，凯瑟琳·托兰给孩子们展示了如何给他们的书做个有
关"我是否能读懂这本书"的测试。凯瑟琳把一书架的书放在自己前
面，并让孩子们看着。她犹豫地拿起一本书，摇起头来，把书放在一
边说："不，我读这本书时并没有感到自己是个强大的读者。"她又
拿起另一本书，这次读得非常流畅，而且还富有表情。"这本书让我
觉得自己像个强大的读者。"她说着，把第二本书放在单独的一个地
方。然后凯瑟琳对孩子们说："读一本让我困惑的书的时候，我是什
么样子？"又问："读一本合适的书的时候，我又是什么样的？"很快，
她回到原来的位置，让每个孩子都做了个阅读测试。凯瑟琳用孩子的
话来说："让我们来找找哪些书是我们感觉不受阻或没有障碍的，读
起来不错、顺畅的。"

在学年刚开始的时候，唐娜·桑特曼就请中学生们把他们心爱
的书带到学校来。唐娜给孩子们展示了自己很喜爱的朱迪·布鲁姆
（Judy Blume）的《神啊，您在那里吗？是我，玛格丽特》（*Are you
there God? It's me, Margaret*）这本书。第二天，唐娜的学生们做了个
有关自己喜欢的书的展览。全班学生四处走动，相互了解各自喜欢
的书。他们带来了约翰·斯坦贝克（John Steinbeck）和 J. R. 托尔金

（J. R. Tolkien）的书，还有计算机图书和优秀的文学作品。这些六年级学生收集来的书看起来好像在说"我是有经验的""我已经长大了"，非常吻合他们在初中所处的新位置。

唐娜说："孩子们这样做，我不应该感到惊讶，但是我没有准备好。我早就想在今年开展一个关于耐力的阅读单元，而且作为其中的一部分，我会让他们读很多容易的书。可是他们进来都拿着很厚的书，觉得越厚越好。与此同时，我也想着建立可视的、激动人心的课程，以实现他们的愿望。"像我们智囊团里的大多数人一样，唐娜希望为这个学年定好基调，逐步引入学生的希望和目标，告诉他们她会是课程的合作者，他们的话语和想法很重要。

当然，有时候我们可以对学生的建议说："好的！"但在其他的时候，学生说的和我们所设想的之间有不少距离，需要我们加以引导。这次唐娜就进行了引导。在她和她的学生研究完学生们展示的书后，唐娜问了学生三个问题，让他们分成小组讨论。这三个问题是：为什么你带这本特别的书来？对于你的阅读生活来说，这本书具有代表性吗？这本书代表着你的现在还是你想成为的人？很快，很多学生会说，他们带来这些书是因为这些书代表着"他们想在学校变成的样子"。

听着这些小组讨论，唐娜说："你们已经找到了适合你们将来读的书。"然后又谈起，在我们成长的过程中，我们如何承担那些我们难以应对的事。唐娜表扬了学生们对未来阅读的认真思考，说道："我们会在教室里做很多事，而且我们会谨慎地安排我们的阅读生活，确保每个人都能变得更为强大，实现我们为自己设置的新目标。"

接着，唐娜带着整个班级做了大的调整，她建议说：学生们实现目标的最好方法可能是在学年的开始读些让自己感觉强大的书，而不是一开始就读那些适合他们以后才读的书。她试着把它作为一个团体的目标，即短期内每个人都重新读一些对他们来说容易的书，然后班上的每个人都会达到一个阅读的最佳状态。

九月份的挑战不是教什么，而是不教什么。每当一拨新的学生进入教室，我们所有的愿望都是关注并表扬他们的长处，而这往往和我们现实工作中关注到的并不一致，"噢，我的天啊！需要教给他们的内容太多了"。每个孩子在每时每刻都会呈现给我们更多需要关注的问题。那时我们会有些冲动，希望给孩子们提供许多小的建议并给他们设置很多小的目标，但实际上我们并不能跟踪这些目标并完成。我们需要查看所有可能的教学主题，并对自己说："那个可以等等。"阅读教学的艺术总是关乎选择，在一学年的开始更是如此。在九月份，突出几个目标是非常重要的。如果保持简单的教学，我们就能把教学方法贯彻到底，并把注意力放到学生身上。总而言之，我们需要和教室里的每个学生建立联系。

教孩子们读那些他们容易理解的书会得到激动人心的反馈，所以这是九月阅读工作坊非常有效的一节课。在九月份，我也会尽我所能来延长孩子们每天的阅读时间。孩子们会抽出时间来阅读，他们会以好的节奏来开始、持续和完成一本书的阅读。这些并不是简单的目标。

有耐力地读大量的书

如果我们的目标是让孩子在家中和学校里都能越来越有耐力地读

书，那朝这个目标努力的最明智的方法可能首先是聚焦我们在学校一起阅读的时间。我们会说："昨天你们阅读维持了十五分钟。在这十五分钟的时间里，感觉好像每个人都被所读的书勾住了一样，过后你们中的一些人就开始焦躁不安了，我们就停止了。今天，我们把目标定成二十分钟，好吗？"有些班级会做图表，持续记录每个学生在学校的读书时间和读书页数，而这些学生决定到家中也要完成相同页数的阅读。一旦每个孩子建立起在家和学校读相同页数的书的目标，我们就可以开始在家校两个地方同时拓展阅读板块了。

系统地收集学生阅读的数据，预测并解决我们会遇到的问题是很重要的。这是很重要的，因为：首先，学生花费在阅读上的时间远比人们意识到的多。其次，这是我为学生设置的更为具体的目标之一，也是我向他们展示我的教学能够真实改变他们行为的机会。在九月份，在我们给学生展示"做这个学习社区的成员意味着什么"的时候，尤其重要的是持续贯彻，绝对不能让我们的孩子成为不能被引导的学习者。我们想确保的是，我们的语言和示范并不是简单地"滑落"（走过场），而是对他们的阅读生活产生明显的影响。我们也想确保让他们看见，认真对待我们的教学会给作为读者的他们带来回报。

有些老师会和学生们谈到在正在阅读的页码之后的第二十页贴上便笺纸以标记每日阅读目标的重要性，而其他的老师则会谈到通过制订并实施计划来读书，从而不断取得进步的价值。我们中的许多人会请学生用贴便笺纸的方式标注周一学校、周一家中、周二学校、周二家中，以此直观记录他们阅读一本书的进展。让学生们这样做一到两个星期，就能让阅读的目标突出出来；让有耐力地阅读变成可触摸的事情，并在我们的一对一见面中谈论它。这些具体的工具在一段时间内都是有效的手段，但我们最终需要抛弃它们。

当然，在我们把教学的重点放在读篇幅更长、数量更多的书的时候，这些目标就会成为许多迷你课的主题。在十月份的一个早上，我顺道参观马克·哈迪的课堂。他刚朗读完乔恩·谢斯卡（Jon Scieszka）的"时间错位三重奏"（The Time Warp Trio）系列书中的一本。尽管刚开学三个星期，但这已经是学生的第三本朗读的书了。在这第一阅读单元中，马克选择了三本篇幅很短的书进行朗读。他说："我不想用洛伊丝·劳里（Lois Lowry）的《记忆传授人》（The Giver）之类的书开始新的学年。只要我鼓励他们通过合适的速度独立阅读篇幅短的书，那我也需要用篇幅短的、薄的书来朗读。"那天，在朗读十分钟之后，马克对坐在地毯上的学生们说："我们很快要读完这本书了，但我还没有安排下一本阅读的书。我注意到，这种状况在你们的阅读生活中也时有发生。你以合适的速度阅读一本书直至读完，接着你寻找下一本要读的书，此时你的整个读书生活停止了。一些读者会这样做，这也是我觉得我们应该试试的，那就是要有'等着读的书'或者'准备读的书'。这样我们能从一本书直接转移到下一本书，不用损失一点时间。"这个班接着讨论了好的读者常常是如何慎重地选择备用书以及如何从一本好书转到另一本相关的书的。这一谈话让这个班级的学生发现，"时间错位三重奏"系列书有很多册。马克说："今天，无论在阅读工作坊还是在家中，你们所有人都想想你准备读的书，好吗？"

很快，学生们就分散到他们的阅读角里，而马克和我则开始迅速地检查"班级状况"。马克已经简要记录下学生们前天阅读的书目和页码。现在我们在学生中间走动。检查之后，马克示意五个学生在地毯上集合。他说："我叫你们过来，是因为我留意到你们读书进展不大。我想给你们展示一个我使用的策略，我用它来迫使自己大段大段地阅读某个文本。"

一般而言，我们会让高年级的学生们知道，我们期望他们每周至少要读完一本书。在学生处理更富有挑战性的文本的时候，特别是一学年的后期，我们还有一定的期望要求。这些年来，我们看到太多的孩子阅读厚书，比如沙伦·克里奇（Sharon Creach）的《印第安人的麂皮靴》（*Walk Two Moons*），以每天三页的速度进行。我们不认为学生能沉浸在这样的故事中长达六周。如果一个孩子需要以那样的速度（我们质疑的速度）阅读，我们会建议他读些更简短的书。我们会倾向于引导这个学生读厄休拉·列·吉恩（Ursula Le Guin）的《飞天猫》系列（*Cat Wings* series）、朱迪·布卢姆（Judy Blume）的《巧克力热》（*Chocolate Fever*）、多里斯·布坎南·史密斯（Doris Buchanan Smith）的《黑莓的味道》（*A Taste of Blackberries*）、克莱德·罗伯特·布拉（Clyde Robert Bulla）的《粉笔盒小孩》、乔恩·谢斯卡的"时间错位三重奏"（*The Time Warp Trio*）、卡伦·赫西（Karen Hesse）的《塞布尔》（*Sable*）或其他相似的短篇小说。

在马克的教室里，那些阅读没有明显进步的学生都已有了解决问题的方法。那些忘记在家中和学校之间携带书的学生会做计划，在放学和每天傍晚时打电话彼此提醒。还有一个学生不能每天挤出时间阅读。她的朋友们认真倾听她繁忙的计划，建议她在乘坐地铁时读书。她赞同地说："如果我没有生病的话。"另一个学生发现，自己因为书很复杂且难度大而停滞不前。他同意要把书放下来，并在下次选书时更为谨慎。还有个学生发现，自己仅仅在每日睡前读书，而那时他常常会感到很累。

马克有关抽出更多时间阅读的谈话同时也在成千上万个其他教室进行。在琳达·陈（Linda Chen）的教室里，杰瑞米的便笺纸表明，他在学校独立阅读工作坊四十分钟的时间里读了二十六页，那晚在家里读了四页。这些便笺纸让杰瑞米的读书进展情况一目了然，同时也显示出他的问题。当然，并不仅是他一个人的问题。不久，这个班花了一个星期来探讨他们可以如何花更多的时间读书，结果如下。

抽时间阅读

◎ 在读之前，我们能浏览章节，并计划我们如何读这本书。"如果我一天读三章，那我周日就会读完。"我们可以这样说并以此为目标。

◎ 试着不要将阅读留到最后，不要在所有其他家庭作业完成之后才读书。如果我们仅仅在晚上睡觉之前在床上读书，那么我们常常会因疲惫而睡着。

◎ 如果我们习惯于只是在一种环境下读一点儿书，我们可以定好每次阅读的目标。在书里做个标记，并试着在休息前读到那儿。

◎ 如果有一本可以让你"得到休息的书"放在主要书的旁边，那会很有帮助。这样我们需要休息的时候，就可以同时读一本不同类型的书。

◎ 随时随地携带着书，这会帮助我们养成经常读书的好习惯。

◎ 如果我们发现很难读懂书中前几章的内容或者书的主要思想，找朋友或家长一起大声地读几章，或者请人告诉我们一些关于这本书的事情，会很有用。如果我们理解这个故事的主旨，就比较容易进入状态。

◎ 如果每天留有一段或理想情况下有几段可预测的时间用于阅读，会帮助我们养成阅读习惯。

流畅地阅读

在九月份有关清楚并有耐力地阅读很多图书的研究单元里，我们也强调流畅阅读的重要性。有的老师会对这个主题轻描淡写，把精力花在发现那些极为糟糕的问题及与孩子们的讨论上。比如说，三年级的孩子还在用逐字阅读的方法读故事书，读的时候用手指指着每个字。我们会告诉这个孩子："你已经不需要指字阅读了。当你还是初级读者的时候，你需要这样做。但是现在这样做，反而会阻碍你阅读。把手指放在图书的附近，只有在你遇到困难的时候才用手指来帮忙。"近期参观五年级课堂时，盖伊·苏·平内尔轻声对我说："我看到很多学生像生产香肠的机器一样，在字与字之间使用夸张的停顿。"她觉得这可能是长期指字阅读的结果。其他的一些孩子用默读代替指读，这也会干扰其阅读的流畅性。

有些老师进一步强调流畅阅读，并把它作为九月份工作的头等大事。比如说，在上一年的九月份，埃丽卡·利夫对五年级的学生开展了有耐力地阅读和有意义阅读的研究单元。针对她的学生，埃丽卡强调作为清晰阅读的一方面，流畅阅读呈现出特定的挑战。"我告诉我的孩子们，我们在读真正理解的书的时候，我们的声音听起来应该像是谈话一样。一天，我在迷你课上朗读，孩子们看着投影仪上的文本，然后我们讨论了从我的声音里注意到什么。"埃丽卡说道。不可避免地，孩子们谈论最多的是标点符号和声音之间的关系。

埃丽卡上了两周的迷你课和策略课，帮助她的这些阅读娴熟的孩子们学习如何通过句号、圆括号和逗号来阅读句子。首先，她用投影仪展示了一些从备受欢迎的图画书和小说中选出的句子。他们练习朗读 E. B. 怀特（E. B. White）的《夏洛的网》（*Charlotte's Web*）中的句子：

威尔伯从来没有忘记过夏洛。尽管他是那么爱她的孩子们和孙女们，但没有一只新来的蜘蛛能代替夏洛在他心中的位置。她是独一无二的。很少有人能同时既是真正的朋友，又是天才的织网家。而夏洛却是。

他们练习阅读了梅姆·福克斯的《考拉小璐》的最后一段：

当傍晚的第一颗星星出现在天空的时候，考拉小璐趁着夜色爬到胶树上悄悄回家了。她的妈妈在等她。她还没来得及说一个字，她的妈妈就已经张开双臂搂住她的脖子说："考拉小璐，我真的爱你，我一直爱你，以后也会一直爱你。"她拥抱了她很长时间。

他们也练习朗读了威廉姆·阿姆斯特朗（William Armstrong）的《儿子离家时》（*Sounder*）中的一页：

这个男孩儿一边轻拉着浣熊狗的一只耳朵，一边说："桑德和我年龄一样大。"然后又对着狗的另一只耳朵说了一次。作为一个孩子，他感到年龄的重要性，他的年龄使他和更小的孩子分开。他已经足够大，大得可以站到寒冷的屋外并用手摸桑德的头。

当埃丽卡的孩子们每天和伙伴们一起进行独立阅读时，他们要做的第一件事就是轮流朗读他们独立阅读图书中的一部分。埃丽卡说："研究你的伙伴，你的伙伴是如何阅读逗号和破折号的？有什么不同？你会怎么读这一段呢？"很快，整个班会练习朗读一些带有很多逗号或者带有很多逗号和分号、省略号和括号的句子。

一组合作伙伴在阅读帕特里夏·麦克拉克伦（Patricia MacLachlan）的《明娜·普拉特的事实与虚构》（*The Facts and Fictions of Minna Pratt*）中的一句话时遇到了障碍。于是，埃丽卡把这个句子写在大纸本上让全班学生来分析：

不管明娜如何努力，她能看到的都是她妈妈的房间，是半整洁的，穿着西服的爸爸，会被书绊倒，全部所有的，很多，都处于要疯掉的危险中。[①]

他们问："'全部所有的（all of them），修饰什么？他们把所有的书都弄翻了吗？或者家里所有的人（很多的人）都处于要疯掉的危险中了吗？"全班讨论了这一事实，即有时候句子里会包含隐藏的标点符号。有时候，读者需要在一个句子中有些地方做半停顿。在麦克拉克伦的这个句子"她能看到的都是"的后面，埃丽卡的学生们感受到了半停顿的需要。他们也讨论到，有时候读者在弄明白句子的结构之

---

① 英文为：As hard as Minna tried, all she could see was her mother's room, half clean, her father in a suit, tripping over books, all of them, the lot, in danger of falling into distraction.

前，需要读到句尾。初看起来，这段话包含了一系列同等的短语，都是明娜所看到的，但仔细一看，其中有些短语从属于其他的。随后，埃丽卡的学生们用箭头标出，"半整洁"修饰明娜妈妈的房间，"绊倒"修饰他的爸爸，"全部所有的，很多"指的是家里所有的人而不是书。一个孩子问："为什么她不在'全部所有的'前面加一个分号呢？"这个问题使他们意识到，因为以"全部所有的"开始的这个短语本身不是一个完整的句子，所以不能选择使用分号。

当然，学生不能在单个句子上花费半个小时来研究语调。通过对几个复杂句子的深入研究和学习，埃丽卡的学生们对阅读中的句子有了新的认识。很快，这个班形成了"我是否在用一个好的声音阅读"的评估标准。在评估标准上，孩子们也把重要的不过分表演收录了进去。埃丽卡说："我们读的时候要像谈话一样。""如果像电影明星一样读，那就太可笑了。"孩子们补充说。这个评估标准还包括这样的观点，即作为一个好的读者，我们的眼睛要往前多看一点。这样的话，我们就不会被一个问号或者一个片段困住。"就像攀岩一样，"一个孩子说，"你需要往前看看悬崖上还有什么，这样你才能做好准备。"

当然，埃丽卡的学生们并没有仅仅因为他们关注了流畅性而立即成为流畅的读者。在新学年开始的几周，埃丽卡仍然有一些学生挣扎着阅读，他们还没有实现突破。学生经常会在二至三年级时会有所突破，也就是他们开始同时读多个句子的时候。但是，至少在埃丽卡的班级里流畅性的目标"在那儿"。家长和孩子们都很高兴。一位家长在学生家长会上对埃丽卡说："这正在产生深远的影响。我们孩子的阅读已经完全改变了，简直是天壤之别。"

和朋友一起阅读

当孩子们逐渐习惯长时间、持续性地阅读，而且养成大量阅读和流畅阅读的习惯的时候，我们需要支持这些读者。其中最好的一个方法是，让阅读变成一种社交活动。在学年开始的时候，围绕着书营造一个交谈和社交的氛围至关重要。在还没有完全了解学生的情况下，如果要让他们建立一个长期的阅读伙伴关系，我们可能会有些犹豫。相反，在独立阅读之后，我们可以请学生和同学就某个主题坐在一起交流。举个例子，我们可以使用如下的谈话来推动非常简短的交谈。

◎ 今天，请和二至三位同学谈一谈你最喜爱的书。

◎ 今天，请和一个你平时不经常交流的同学谈一谈对你有影响的一本书。

◎ 今天，请和你的朋友共同推荐一本你们认为可以拍成一部很棒电影的书。如有时间，请讨论你们会如何塑造这些角色。

◎ 请和一个你不太了解的人谈一谈，并说一说你作为读者所留意到的一些自我认知。

◎ 请找一个和你读同类书的人，谈一谈你今天读的这本书的作者的风格。

◎ 请和一位同学谈一谈你倾向于什么时候读书、在哪儿读，还有为什么。

◎ 请向一位朋友推荐一本书，或请别人推荐一本书。

庆祝阅读

促进孩子在阅读方面成长的另外一个方法是庆祝他们的进步。就像我们在写作工作坊频繁地适时安排作者庆祝活动，我们也频繁地适时举办阅读庆祝来赋予阅读工作坊新的能量。唐娜·桑特曼决定在开学后的第三个星期三安排一次阅读马拉松来确认孩子们在有耐力地阅读方面获得的新能力。那天，孩子们来到学校，准备两次连续阅读七十分钟。在留意个体学生如何安排以达成目标的同时，唐娜记下了他们的进步和有待改进之处。其他教室则在读完一百本书后隆重庆祝，接着开始制订阅读一千本书的计划。在学年初，我们还使用其他的一些方法及时地庆祝阅读。

◎ 老师鼓励学生们安排某天的午饭时间来讨论最喜爱的书。喜欢《小便童子军》（*Pee Wee Scouts*）系列的人坐在一张桌子旁并讨论这些书。《加尔文和霍布斯》（*Calvin and Hobbes*）的爱好者带着他们的书坐在另一张桌子旁。

◎ 学生们制作漂亮的书签，用来标记最喜爱的那一页。他们可以在阅读庆祝会上朗读最喜爱的那一页上的部分内容，也可以请某个人来重读那一页。

◎ 老师可以召集全班或者某组学生，让每个学生从最喜欢的一本书中选出的一个字或短语，以此创编字词交响乐。"指挥"用指挥棒指向一个学生，由他说出这个字或短语，然后下一个，再下一个，以此类推。

◎ 全班学生可以去参观当地的图书馆，每个人办理一张图书卡。

用可以复述的方法阅读

虽然开始时我们在迷你课和谈话中重视快速读很多容易的书，但很快我们就会强调理解阅读的重要性。在一学年最开始的时候，我们只是把理解的目标和读简单书的目标简单地联系了起来，但很快我们就想强调阅读时读者必须保持清醒的大脑。

挑战在于只是简单地劝诫学生"读的时候要思考"或者"保持头脑思维敏捷"是不够的。为帮助学生进行基本的理解，我的同事和我已经搜集了一些实用的策略。我们考虑过让学生记录他们对所读内容的日常反思，结果学生只是进行了很多没有人喜欢看、没有体裁、没有指望修改的写作。因为最重要的是学生能爱上阅读，我们不愿意让学生做我们都不做的事情。作为读者，我们大部分人读完一个章节后不会记录相关的内容，而是接着读下一个章节，但是如果我们不坚持让学生每天把自己读的内容记录下来，那还有什么别的办法来鼓励学生阅读时关注所读的内容呢？

我们决定用几周的时间让学生回顾并复述他们已读内容的主要特征。这个工作开始于沙伦·希尔。她是曼哈顿新学校（the Manhattan New School）四年级的老师，也是以前项目的成员之一。在读凯瑟琳·皮特森（Katherine Paterson）的《伟大的吉利·霍普金斯》（*The Great Gilly Hopkins*）的时候，她注意到学生只会说一般性、概括性的事情，如"她很苛刻""她很自私"。在询问学生为什么会有这种感觉的时候，沙伦希望他们能从文本中找出证据。但是，学生看起来并没有抓住她朗读给他们听的那部分细节。于是，在朗读的过程中，沙伦开始有意识地停下来，提醒学生："让我们回想一下到目前为止发生了什么。"接着她会提示学生："我记得吉利的继母正在吹嘘说吉利朗读得非常好，而且她想让吉利去给伦道夫先生朗读。所以她……"接着沙伦会说："米格尔，从这儿开始。"通过这个方式，她帮助学生重温他们刚听到的故事里的那部分内容。

有时候沙伦不会请某个学生来重现这个故事，而是请所有的人："请转向你的伙伴，复述这部分内容，从'当特罗特说'开始。"有时候，沙伦会请某个学生来复述。一天，约翰正在复述，而班里的其他人都在倾听。迪亚马发现了一个大的遗漏，就举手说："我认为在吉利说老师是种族主义者之后，接下来是……"

沙伦评论说："谢谢补充。"以此明确地给迪亚马所做的工作起了个名字。后面她会鼓励所有的学生使用迪亚马的策略。

后来，当约翰继续复述的时候，他的复述里又出现了重要的遗漏和混淆。沙伦要求重新复述，并再次强调了这个词。她请约翰重新复述，约翰在其他同学的帮助下重新叙述了那一部分内容。通过这样的方式，整个班级获得了第二次机会来重现这本书的这部分内容，而且这次他们加入了更多细节并复述得更为准确。在接下来的几天，朗读之后，每个学生都会复述文本。沙伦会和学生一起，在必要的时候提醒他们补充或者重新复述。

在我们想教学生用复述的方法阅读的时候，我们的工作就会伴随着一系列的教学。首先，我们努力向学生们揭示为什么复述会对他们讨论书有帮助。我们可以向他们展示他们已经做的（即没有按照特定顺序复述文本中概括性的事件），也可以给他们展示按照顺序重述文本能如何帮助他们复述并反思所听到的内容。在朗读时段，我们不但会演示我们如何按照顺序复述文本，而且会展示什么时候复述和为什么要复述。我们可能会在某一章的最后暂停一下并说："难道你们不乐意回头想想你们所读的内容吗？让我们用这一章来做吧。记住，它开始于……"接着，我们返回到这一章的最开始部分，边翻书边说："哦，对！我记得下一部分，记得如何……"我们可以展示给学生，有时候发现故事让人困惑，我们会返回去，温习已发生的事。在这些实例中，我们在真正复述文本。

很快，我们会让学生自己复述故事。我们可以暂停思考朗读的部分内容，而通过复述故事的一小部分，帮助孩子开始这一过程。接着，我们会传递这个接力棒，"萨米，从这儿接手"，以此帮助萨米（最终是班里所有的人）复述这本书。我们也是其中的一分子，随时加入复述。我们希望他们有当日朗读的文本的副本（甚至是这章的副本），这样他们可以在需要帮助的时候浏览它（或者我们可以决定当天读一个短的故事，而不是章节故事，毕竟短的故事比较容易些）。在接下来的一些时间里，我们会持续做这种集体性的复述。目前，我们可能只是敦促学生按照一定的时间顺序复述主要的观点，确保复述的逻辑性。这些复述倾向于只是强调故事的一个要素：情节。在《如何培养良好的阅读品质？》一书中，我会展示如何在留意故事其他要素的情况下更为丰满地复述故事。

接下来，我们会经常告诉学生："今天在听朗读的时候，让我们用可以帮助复述的方法来听吧。"现在，在朗读到转折点或重大事件的时候，我们会理解性地阅读（就像我们会说："哇，这是需要记住的重点。"）。在合适的时候，我们有时会低声细语，好像是对我们自己说："哦，哇！这很重要。"朗读之后，我们还会说："让我们回头想想刚才读过的内容。"然后我们会开始复述，但是这次我们鼓励大家对彼此做出回应，补充同学漏掉的内容或者要求重新复述，就像我描述的沙伦和她的学生所做的那样。

一旦班级在集体复述所听文本方面积累起一定的经验，我们会督促学生更为独立地复述所听到的故事。比如说，当学生一起坐在地毯上的时候，我们可以让他们和长期朗读伙伴一起复述所读的故事。我们可能会留意学生使用的复述文本的聪明策略（比如说，快速浏览翻页来唤起记忆）。

接下来，我们会请学生和阅读伙伴来复述他们独立阅读的故事。我们鼓励他们：

◎ 翻阅这本书，复述每页发生的事情。

◎ 安排阅读伙伴读相同的书，确保他们对彼此负责。比如说，如果两人都读迪克·金－史密斯（Dick King-Smith）的《马丁猫的宠物鼠》（*Martin's Mice*），那么这会方便检查彼此的复述，比如说："啊？在书中我根本就没有看到！"

◎ 扮演一个好的阅读伙伴，判断复述是否有意义。在复述让人困惑的时候，会说："我不明白。"要求重新复述并补充重要的缺失的内容。

一旦学生和他们的独立阅读伙伴开始常规性地见面并复述他们刚刚读过的章节，那么我们观察他们学习的进展情况，通过设计迷你课、策略课以及面谈来拓展我们对学生行为的观察将非常重要。

确保学生对文本负责

在读大学和研究生的时候，我学习了阅读教学中读者反应批评理论的价值。我得知,文本的意思是读者和作者共同创建的。文本中可能提到"下雪",但是一些读者会想象出一个厚的、挡住视线的雪毯,而其他的人可能会联想到几片大的雪花在空中跳舞。我学到,"对文本来说,并不存在唯一正确的解释"。"读者是文本的合著者,带着他们自己对文本的想象来生成(而不是破译)意思。"我相信,这些理论是深刻且千真万确的。同时我也知道,大多数的教学会体现矛盾。教授阅读的时候,读者会加入自己的理解;娴熟的读者能读出文中的意思,这都是毫无疑问的。

我同意一些老师说的,"你不能仅仅说文本中的东西"。一位读者想象到挡住视线的雪,而另一位则想象的是飘舞的雪花,这都是很合理的。但不管怎样,都是有雪从空中落下。太多的年轻读者只是建构了故事的梗概。如果我们指出他们忽视了所有好的细节,他们会说:"那并不是故事的重要部分。"在某种意义上,他们可能是对的,但有时候重要的是,和孩子们一起努力,让他们逐渐认识到阅读包括对文本建构一个更为丰满的、详细的理解。我们把这项工作称为"确保我们对文本更负责任"。

在一年中的某个时候,我们和五六个读者一对一学习,给人以特别的启发。我们请每个人默读相同的合适的短文本,这是一个我们非常熟悉的文本,而且看到学生体验它,我们对这个文本的理解也会加深。每隔两个段落,我们悄悄地问:"你正想什么呢?"如果想对学生的阅读有更为细致的了解,我们可以说:"朗读下面的一小部分,好吗?"我们并不会把学生从误解中营救出来,而是看学生如何通过自己的方法达成对选定文本的理解。

最近,沙伦请曼哈顿新学校的几个四年级学生读了一个两页的故事。这个故事中的孩子们为他们爷爷的一百岁生日组织了一个聚会。在第一段中，故事述说孩子们正在为聚会而装饰，悬挂着的标识告诉我们爷爷的年纪。标识上写道："爷爷：1889—1999。"沙伦的一个学生看到这个，大概想到墓碑上的日期，就推断说这意味着这位老人已经去世了。这是个合理的结论，但后来的段落显示，这个老爷爷是故事中活生生的主角。沙伦注意到这一特别的学生没有修改她的第一印象，而是编了一个长篇离奇的复杂故事，说死去的爷爷变成幽灵回来了，等等。

通过讨论来达成理解，这是多么常见的现象，我们意识到这对四年级的熟练读者来说非常重要，像一年级的学生一样，他们读的时候需要检查理解的合理性（monitor for sense）。对于在句子层面理解有困难的初级阅读者来说，我们倾向于把检查理解的合理性作为一个策略。事实上，在每个水平，读者都需要留意故事的意思，形成一系列的策略来面对困难。可能比任何其他策略更重要的是，像作者一样，读者需要认识到修正的重要性。在阅读和生活中，所有的人都会形成对人的第一印象和对事情的早期诠释。但是，面对新的证据，我们中太多的人会坚持第一印象。这不是一个理想的阅读或者生活方式！很多学生会得益于检查理解合理性的教学，并准备好在理解不通的时候重读并修正他们最初的理解。对于我们中的一些人来说，这已成为"有耐力地阅读和有意义地阅读"单元的一部分。其他人则会把"确保自己对文本负责"作为一个独立的单元，以使用共同分享的短文本为班级或小组教学的主要内容。

不管我们是把这项工作（即帮助学生阅读时更为关注意思并在理解不通时使用策略解决问题这一工作）整合到已存在的单元中进行学

习，还是专门设置一个课程单元，教授学生在继续读和收集新信息时修正自己最初的印象是至关重要的。学生必须不断地问自己："对于故事中接下来要发生的事情，我最初的想法是否与现在读到的内容相符合？从图片、章节标题以及故事结构等其他方面得到的信息是否支撑我的想法？"学生需要习惯这样的做法，即复述故事时回头去看文本。这不仅是在提醒他们故事内容，也是在检查眼前的文本是否真正支持他们新的理解。

我们和孩子一起讨论他们读过的小说，他们总是能说很多，以至于我们倾向于仅仅注意他们关于这本书是否有些想法。我们把注意力放在他们理解的意思上，而不会特别留意他们理解中漏掉的部分。观察读者遇到的困难也是很重要的，因为这些困难就像我们注意到的初级阅读者理解字时经历的，能说明读者使用的策略并指引我们教学。一个读者可能混淆了代词"他"和"她"，从而陷入混乱；另一个读者可能总是读完故事后（而不是一开始）才开始复述和反思，而这对他基于文本建构一个连贯的记忆来说是一个挑战。黛安娜读了约翰·斯特普特（John Steptor）的图画书《史蒂维》（*Stevie*）。书中大一点的男孩名叫罗伯特，述说了五岁大的史蒂维是如何走近他的。"他是一个爱哭鬼。"罗伯特说，"他总是很有办法，而且还是个贪婪的人。他看到什么东西都想要……老天！"这个故事的重点是，尽管长篇大论地指责史蒂维，罗伯特发现自己被这个小家伙吸引了。史蒂维已经返回自己的家。在想起史蒂维已经离开之前，孤独的罗伯特倒了两碗麦片。这些在我看起来简洁明了，直到我看到黛安娜。

聪明能干的黛安娜翻看了这本书，说道："史蒂维那个孩子很烦人。他真刻薄。"她的话让我吃惊！听着她对这个故事的评论，我意识到黛安娜相信书中所说的，这当然是完全可以理解的。故事的述说者在书中用了太多的话来说史蒂维贪婪而且爱哭。尽管我尽力跟黛安娜解释，让她不用相信罗伯特对史蒂维的评论，因为罗伯特对史蒂维的看法流露出来更多的是罗伯特而不是史蒂维的特征。我并不确信黛安娜是否理解了我的意思或者接受了我的解释。更重要的是，我们很可能会忽略这本看似简单的图书给学生带来的困难和挑战。

尽管我曾认为复述是理解的一种"低级"水平，但现在我已经领悟到意义生成是个复杂的过程，学生必须沿途经历我以前所认为的"单纯的回想"。后面我会谈到鼓励学生综合文本、质疑文本和诠释文本，但是教学生阅读时建构意义也是很重要的。在观察学生阅读理解我熟悉的短文本的时候，让我吃惊的是他们是如何成功阅读的。复杂的标点符号、不清晰的代名词、时间和空间的转换、对背景知识的要求，这些都让我替他们捏了一把汗。"这样读完后，孩子们怎么能理解这个故事？"我感到惊奇。

一旦你真正细心琢磨孩子的理解（和他们的误解），就会很快明白，"简单地"提供给孩子时间来读他们能理解的文本、进行确保他们对文本负责的交谈是项庞大的工程。任何有阅读兴趣和爱好的学生都需要和发展大量的阅读技巧。

第六章

通过读和写来发展思维（二至八年级）

平衡式读写项目教学的目标并不是简单地平衡阅读和写作，也不仅是平衡阅读和理解印刷的作品。教授平衡式读写能力还意味着，我总是在新学年开始的时候就知道我会"从船的一侧跑向另一侧"，就像我们在读写社区中所说的那样①。大约在十月中旬，老师常常发现大部分孩子在以他们可以复述故事的方式阅读很多简单的书。但是理解的内容远比回想到的要多（尽管回想本身是丰富和复杂的）。此时，我认识的老师常常会判断，是时候帮助小读者对文本做出更深层次的反应了。阅读是以印刷品为引导的不折不扣的思考。这意味着，对阅读的反应不是外加的奖励，也不是加分选择。反应是阅读的一切。当老师对我说，就像他们经常说的："她能读任何内容，她只是不理解。"我会说："那她不是在阅读。"因此，我的同事和我常常会在下一研究单元集中来讲讨论和写作，以此鼓励和发展学生的想法。

在这一章，我们会着眼于：

◎ 帮助孩子对阅读做出第一反应：使用便笺纸和其他工具。

◎ 教学生更长时间地讨论便笺纸，强调便笺纸创作的重要性。

---

① 指的是新学期刚开始老师会发现有很多需要教孩子们做的。——译者注

◎ 我们针对文本随手记下的反应对写作和讨论的影响及两者的关系。

◎ 以写作和图形组织作为工具，提高对文本讨论和思考的水平。

◎ 遵循思绪写作。

使用便笺纸和其他工具

我想让孩子知道，世界上所有好的读者在阅读时都会暂停，他们会喘息、哭泣、想象和记忆，还会质疑并和朋友讨论。我告诉孩子："我读书的时候，如果朋友没在身边，而这本书是我的，我会在我想要谈论的内容的附近打上星号或者在下面画线。如果这本书是借的，那我会在那部分贴个便笺纸或者放个书签。稍后，和朋友见面的时候，我不需要寻找，而能直接翻到那一页。"

我想让孩子意识到，在书中好玩的地方做出标记是个不错的做法，这样他们就能和朋友分享，也可以追想书中其他搞笑的部分。九岁的埃米在便笺纸上潦草地写下"我认为吉利相当刻薄"，并把她的评论贴到凯瑟琳·皮特森的《伟大的吉利·霍普金斯》的前几页上。

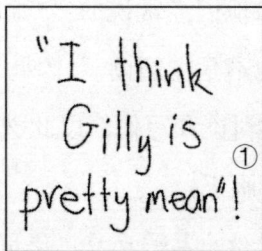

"I think
Gilly is
pretty mean"! ①

①　"我认为吉利相当刻薄"!

　　我看到她这样做了，在下次迷你课上她把便笺纸和这页纸带来了。我说："我想让你们看看埃米做了件聪明的事情。凯瑟琳·皮特森从来没有直白地说过吉利刻薄，但是埃米观察了吉利做的很多事后做了一个推测：'我认为吉利相当刻薄。'埃米，我确信当你继续阅读的时候，你会留意新的证据。"

　　在继续读的过程中，她贴了更多的便笺纸，很多记录是关于吉利的："我很震惊她没有和妈妈在一起。""为什么她会像害虫一样跑开了！""她是个奇怪的女孩！""她没有表示友好。"

"Why would
She run
away like
a pest"!
"She's a
weird girl"!①

"She doesn't
show her
kindness"!②

Gilly is changing.③

---

① "为什么她会像害虫一样跑开了"！"她是个奇怪的女孩"！
② "她没有表示友好"！
③ 吉利正在改变。

如果我们鼓励孩子阅读时思考并通过在特定页码上留下便笺纸来记录想法，一个整体性的社交文化很快就会形成。开始读一本新书的时候，有些孩子会在书的封面内页中铺上很多小便笺纸，有些孩子则会带着装有小便笺纸的袋子。我了解的几个班的孩子使用了这一规则，即在读完一本书的时候，他们回顾所有的便笺纸并选择两则（只有两则）永久性地保留在这本书里。通常他们会誊写这些便笺纸，更整洁、更清楚地表达他们的想法，并写上名字和日期。他们的名字和其他事项一样重要，因为这样做会告诉别人："我来过这里。"当我在我和我爱人共享的一本书里发现他写在空白处的标注，我会异常开心。我想知道："他究竟为什么会在那行话上打星号呢？"然后我会重读那段话。发现同学留下来的便笺纸，孩子们同样兴奋。孩子们也可以决定把他们的便笺纸从书里拿出来，放到阅读记录本中。或者，当某个孩子读完一本书后，他可以把所有的便笺纸从书中揭下来，把它们都汇集到一个小的便笺纸书中，写上标题并保存起来。这样的便笺纸处理并不会让孩子分心，而是把孩子的注意力从阅读分散到精美的封面、拓展性的写作或者纸的类型上。他们回顾、选择并品味自己制作的便笺纸，这对孩子来说是个很好的工作。便笺纸是在阅读日记中、书中空白处或标记的段落中随手写下的笔记，会提供更为持久的帮助。就像九岁的阿梅莉亚·福克斯说的，它们会帮助"你阅读时训练你的思维"。

朱迪思·维奥斯特（Judith Viorst）写过一首诗：《如果我是世界的主宰》（*If I Was in Charge of the World*）。如果我能主宰这个世界，那么全美国的孩子都会随身携带书，书中夹着纸片和随手写下的笔记。我的想法是，毫无疑问地，我们必须教会学生和文本"对话"。对此，我感到担心。在学校里，我们教孩子阅读，我们根据阅读的精确性和复述能力来判断他们的阅读水平。这两种技能都很好，但是，好的读者不仅仅是复印机或者录音机。难道我们不想让我们的孩子长大后意识到"书是用来思考的工具"？

帮助学生对文本做出反应的工具

工具	用处
阅读记录	用于随手写笔记和标注页码。这些刚开始的时候可以是短的备忘录，接着慢慢变长、变厚，用于拓展写作、列举书单、设置目标以及在迷你课上做笔记。读者也可以用来收集文章、写书评以及记录其他研究过的短文本。
荧光笔	用于标记读者自己的文本或者文本的复印件。
精细的书写工具	把想法写到书的空白处。
书签或索引卡	用于标出书中的位置并对相关地方有所记录。
便笺纸	用于标出书中的位置并对相关地方有所记录。
曲别针	在书上标记地方（确保曲别针是带塑料套的，这样就不会在之前的页面上留下锈迹）。
普通纸书封面	用来记录想法和页码。
速写本	用来速写、画图以及使用图表来组织想法。

有时候，孩子读书时难以形成想法。如果一个班上大部分孩子的反应是对一本书没有什么可表达的，这时我通常会发现，班级的某股力量在压制着孩子。经常会发生的是，孩子会告诉我们他们对书的想法，但我们并不认为他们的想法足够"文学"。当然，我们认为他们能想出更好的，我们引导着他们走近我们期待听到的想法。但是，没有什么比这更能抑制思想的嫩芽了！

当埃米写下"我认为吉利相当刻薄"时，她的评论是即时性的，甚至只是说出了显而易见的事。但是，当我把学生聚集在一起，和他们分享埃米对一个人物已经形成自己的推测，告诉他们埃米还在阅读并收集更多的证据，我是在给埃米的行为起名字，并合理化了它的存在。我会推荐这样的做法，以此回应学生起初的便笺纸记录。通过学生已做的，我们给这个策略命名，这样其他的学生可以把它用在其他的文本上。尽管埃米当时的思考仅限于吉利这一人物，但是我说："希望你们和埃米做的一样，即留意人物的行为和语言，并对之做出推断。"

好的读者对书做出回应的方法

◎ 好的读者对人物做出推测	"我认为吉利相当刻薄。" 埃米，凯瑟琳·皮特森的《伟大的吉利·霍普金斯》
◎ 好的读者会留意、赞美并批评作者写作的方式	"就在这儿我注意到船是怎么越来越远并消失在尽头的，作者放慢了故事的节奏。" 玛莉卡，洛伊丝·劳里的《记忆传授人》
◎ 好的读者会对整个故事形成整体性的想法	"他们正在把各部分凑在一起，拼成一座桥！马尼亚克和其他一些孩子彼此喜欢对方。" 布赖恩，杰里·斯平尼里（Jerry Spinnelli）的《疯子麦基》（Maniac McGee）
◎ 好的读者会做预测	"我认为梅拉可能再也不回大海了！" 哈利，凯伦·黑塞（Karen Hesse）的《海豚之音》（The Music of Dolphins）
◎ 好的读者与书里的角色感同身受，像书里的角色那样说话	"我会把人类的思想扔到海滩，然后回家！" 凯文，凯伦·黑塞的《海豚之音》
◎ 好的读者会用书中的内容来提醒生活中的自己	"如果我爸爸和我像那样说话，我会愤怒。我想知道他是不是也愤怒了。" 拉吉帕尔，洛伊丝·劳里的《记忆传授人》

续表

◎ 好的读者会发现书与书之间的联系	"普林斯·霍勒斯和萨拉·艾达不高兴的时候都会表现得很刻薄。" 斯文加，席德·弗莱舍曼（Sid Fleischman）的《王子替罪羊》（*The Whipping Boy*）和克莱德·布拉（Clyde Bulla）的《擦皮鞋的女孩》（*Shoeshine Girl*）

到了十月中旬，在我们绝大多数的独立阅读工作坊里，在半个小时的安静阅读之后，孩子会常规性地和阅读伙伴见面，谈论他们对当天在学校和前一天晚上在家里阅读的书的反应。有时候，老师会请同伴之间先各自复述所读的书，接着借助各自记录的便笺纸讨论书。

在学年最初的几个月里，我更倾向于写便笺纸或随手写笔记，而不是每夜都写阅读日记。孩子填写阅读笔记，以这样的方式开始："在……的时候，我喜欢这部分。"然后总结内容。他们的作品没有读者，只有老师充当评估者；除了证明他们确实读过之外，写作没有其他的目的；没有好的作品做示范，他们也不能获取修改方面的帮助。然而，完成同样的阅读量之后，写"在……的时候，我喜欢这部分"的孩子也可以在书页上粘便笺纸并随手写上"喜欢它"。而且这个孩子会完成更多的阅读工作。他可能和同伴坐在一起，说："我放了一张便笺纸在这部分，因为我认为它写得非常好。"这样的谈话可能会持续很长的时间。

当然，便笺纸本身并没有什么特别重要的。它们只是粘住的下画线、可以去除的旁注或者浓缩性的日记。如果我希望学生在读的时候把他们的想法记录在便笺纸上，他们能在我们朗读时段的中间习惯于进行"说点什么"的谈话，那么我会非常开心。除了记录下来的"说点什么"，那贴在文本中有趣的地方的便笺纸还会是什么？我喜欢便笺纸，因为它们是连贯阅读时自发插入的"说点什么"，而且像"说点什么"一样，它们形象地提醒着读者：我们需要再现文本，和文本"对话"。

不可避免地，使用便笺纸也存在问题。看到有些孩子用便笺纸差不多要把书盖住的时候，我并不惊讶。在我们教一年级学生用感叹号的时候，很快每页纸上都充斥着形状和大小各异的感叹号。可想而知，如果我们规定孩子们每页只能使用五张便笺纸，这又有点极端。我们会说："你们用便笺纸太疯狂了，我们能努力想出办法来解决这一问题吗？"在一些教室里，孩子们会保证每日只使用一定数量的便笺纸。在其他的一些教室里，孩子们许诺：在和同伴见面讨论书之前，重新阅读和思考自己的便笺纸，并去掉它们中的大部分，只保存那些最值得讨论的。

如何创作和讨论便笺纸

在一学年的这个时候，孩子随手写的笔记是他们计划讨论书的依据。便笺纸文化，或者其他任何一种被选用的工具的文化，都会变成交谈的文化。使用便笺纸的一个原因是，这会鼓励孩子经常返回文本，共同思考文本中发现的证据，进行基础性的谈话。当然，仅仅一张小纸条并不能提升谈论书的水平，但可以从使用便笺纸这样的工作开始。

亚历克萨·斯托特最近听了几分钟她的两个三年级学生有关家庭阅读的谈话。杰克给老师提供了背景信息："我们正在讨论苏伯［来自罗伯特·牛顿·派克（Robert Newton Peck）的书《苏伯》（Soup）］

和罗伯特是不是好朋友。"

亚历克萨说："这是这本书的一个关键问题。思考人物间的关系总是很重要的，但是你们的工具在哪里？我看不到你们的书、记录和便笺纸。"

这两个男孩子急匆匆地把书从书包中取出来。两本书里一张便笺纸也没有，他们又继续说了会儿话。伊齐基尔说："看，里查德并没有告诉苏伯真相，这很不好。"

"你什么意思？"杰克问道。

伊齐基尔说："嗯……"然后开始反复在他的书中寻找支持他想法的那段话。

亚历克萨打断他说："杰克，你对伊齐基尔提问的方式是很棒的，但是现在我们需要等他找到那段话。之后，把你的想法在书中标记出来，这样我们就不用等你花十分钟的时间找出特定的段落来支持你所表达的内容了。"

同时，在阅读工作坊最后的分享时段，玛丽·基亚雷拉对学生说："今天在两个不同的见面时段，我看到有人和同伴在没有便笺纸、随手写的笔记、给重点段落画线和书签支持的情况下一起讨论书。在这两个案例中，我请你们在讨论之前先再花些时间温习文本、准备谈话。"接着玛丽说："我请你们读的时候进行速记，不是因为这是额外的工作，而是我认为这个工作真的非常重要。"

布拉德插入说："回溯所有我想记住的地方没有那么容易，所以可以放便笺纸。"然后他又补充道："有时候你不知道你想谈什么，直到你阅读完那一部分，所以你必须回头去寻找那些提供给你想法的地方。"

哈德利补充说："你可以只是略读。如果你知道你在找什么，你不用重读所有的内容来添加便笺纸。"

　　玛丽总结说："所以这就像是在书中寻找地标。作为一个班级，我希望我们在同伴见面之前能回溯我们的阅读，以确认并详细说明我们的想法。"

　　我的儿子迈尔斯一直都是个使用便笺纸的抵抗者。他会抱怨说："我不能忍受停止阅读。这本书太好了。"迈尔斯读了大量的书，有着敏锐的理解力，所以很多年来，一些老师并没有要求他使用便笺纸。其他老师说过，迈尔斯如果能改变他的阅读常规和习惯，那么我会为此感到开心。他们说过："你能在一些书里畅游，但是你也需要阅读一些需要你停下来思考或让人感到困惑并需要暂停下来讨论的书。如果你在第一次通读的时候不想使用便笺纸，那你可以在阅读的最后回头浏览那些页，思考、评论并随手做笔记。你必须做些笔记，用于书的讨论。"

　　我一度并不介意告诉那些拒绝为讨论书而做准备的孩子："你们必须这样做。"但如果这是一个老问题，很可能是孩子还没有看到贴便笺纸的价值，通常这是因为与便笺纸相关的谈话并没有要求他们去重读并查看文本。一个孩子会对同伴说："我喜欢这部分。"然后跳到另一则便笺纸："这部分好古怪。"接着又是另一则便笺纸。事实上，我们最初是利用便笺纸谈论书存在的问题，这并不让人惊讶。我们的教学就需要帮助孩子在同伴之间谈论书时变得更有技巧。教谈话就是教阅读。

　　我们想让孩子仔细品味自己和别人的见解，也就是说，我们希望孩子能基于一张便笺纸进行一场有趣的交谈，明确这一点是很重要的。在孩子与同伴见面的时候，我们可以留出时间，让他们重读那天阅读时写下的笔记，并思考："哪条笔记体现文本的中心思想？哪条可能会真正引发一场好的交流？"接着我们可以建议，让这两个孩子尽可能长久地谈论一条随手写下的笔记或者放在桌上的一张便笺纸。

与此同时，对于在全班朗读时段形成的想法，我们也会帮助孩子进行长时间的交流。朗读时间变成了一个教孩子谈论并仔细品味他们对文本做出的瞬间反应的平台。在《如何有效运用阅读教学策略?》中，我描述了我们如何制作孩子表达时参照使用的短语图表，以此帮助孩子加深并拓展对这些书的谈论。现在，在努力帮助孩子针对他们独立阅读的书进行重要谈话时，我们也能提醒他们措辞表达的力量，比如：

◎ 你能再多说一点吗？

◎ 我有另外一个例子。

◎ 我想知道作者为什么那样做。

◎ 我不确定我知道你的意思。你能换一种方法来说吗？

◎ 我明白你正在说的，但是……

谈话一直是智力发展的一个动力，但是我认为它在阅读教学中有着独一无二的作用。读者之间的交谈会变成他们心灵的谈话。通过围绕阅读进行的交谈与写作，我们开展阅读教学。

便笺纸对写作和讨论的影响及两者的关系

在一学年的晚些时候，便笺纸和其他随手写下的笔记不仅会变成同伴交谈的依据，也是学生写作时和自我对话的依据。尽管我们在一学年的早期对要求学生围绕阅读进行大量写作保持警惕的态度，但在写作工作坊还需积攒更多力量的时候，我们意识到，如果我们的学生学习长时间谈论他们用便笺纸标记出来的想法，这对他们通过写作发展他们对于书的想法是很有利的。就像我在《如何培养良好的阅读品质？》中解释的那样，当学生围绕文本进行写作时，他们倾向于先写米娜·肖内西（Mina Shaughnessy）所说的"思考的句子"，而不是"思考的段落"。典型的写作可能包含一句话来将这本书与另一本进行比较、一句话来总结主要人物、一个与作者风格相关的简短评论和一个对书结尾进行的简单预测。如果我们想要孩子发展他们对于书的想法、提供证据来支撑他们的想法并探索细微之处，那让他们"围绕更少的主题说更多的内容"（say more about less）就很重要。孩子需要知道，他们能把任何一句长的评论扩展为一篇完整的作文。

如果说对便笺纸进行长时间的谈论是进行更长的写作的完美开始，那些我们用来帮助孩子更久谈论书的表述（如"你能再多说点吗？"或者"你能给我举个例子吗？"），就恰恰是孩子更多、更为周到地写作所需要的内在提示。

"你为什么没有让孩子对自己的作品进行回应，而是针对便笺纸做长时间的讨论呢？你为什么强调谈论阅读而不是围绕阅读进行写作呢？这不是降低了写作的优先等级了吗？"

就像我在《如何培养良好的阅读品质？》中所描述的，我们请孩子在写作工作坊就"种子想法"进行写作，在阅读工作坊围绕一张便笺纸进行讨论，这两项工作之间有很多的相同之处。但是，在一学年的早期，在阅读工作坊进行过多的写作，会把必要的写作精力从写作工作坊分散出去。放学回家后，为写作工作坊进行长篇的、深思熟虑的写作，之后还要有时间针对阅读做同样的写作回应，这对我儿子来说并不可行。尤其是在学年初的时候，我们需要做出选择。对我来说，这并不是一个难做的决定。好的读者很少定期围绕阅读进行写作。如果孩子学习使用便笺纸或其他随手记下的笔记并长时间很好地使用它们谈论所读的图书，那么他们其实也在学习如何很好地写作，他们会打下坚实的写作基础。当然，我们可以在任何时间请孩子写作而不是谈论他们的阅读。

在理想情况下，我会推迟让孩子围绕阅读进行写作，直到他们的阅读状态达到一个比长时间谈论便笺纸想法更为复杂的等级之后。但是在纽约州，对孩子的阅读评估取决于他们根据阅读进行写作的能力，所以，有时候我们会让孩子把在对话中学到的写下来，以巩固所学的内容。孩子花了几天的时间长时间地谈论某个便笺纸，并用谈话提示来敦促自己和他人多做些分享。在这种情况下，我们有时候会说："不用和你的伙伴见面谈论某张便笺纸了，请选择一张值得讨论的便笺纸，把它誊写到一张干净的纸上，尽可能长地写出（而不是谈论）你的相关想法。"萨曼莎和她三年级的同学很快就给这个做法进行了命名，称之为"注销便笺纸"（"writing off a post-it"）。萨曼莎对哈丽雅特·塔布曼（Harriet Tubman）的一本书做出回应，以下是她的"拓展"：

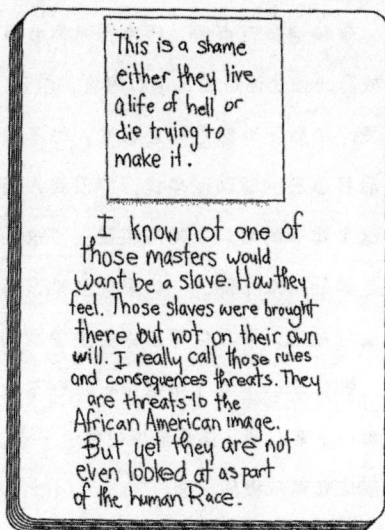

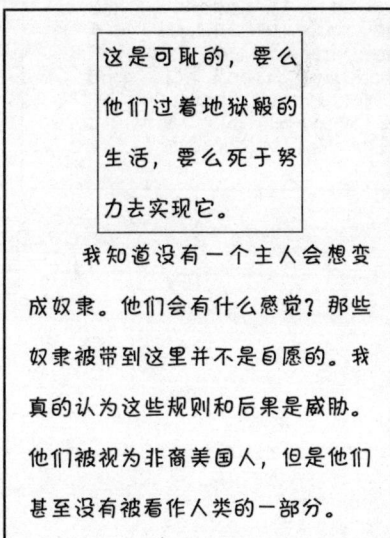

This is a shame either they live a life of hell or die trying to make it.

I know not one of those masters would want be a slave. How they feel. Those slaves were brought there but not on their own will. I really call those rules and consequences threats. They are threats to the African American image. But yet they are not even looked at as part of the human Race.

这是可耻的，要么他们过着地狱般的生活，要么死于努力去实现它。

我知道没有一个主人会想变成奴隶。他们会有什么感觉？那些奴隶被带到这里并不是自愿的。我真的认为这些规则和后果是威胁。他们被视为非裔美国人，但是他们甚至没有被看作人类的一部分。

虽然萨曼莎和她三年级的同学通常使用便笺纸随手写下对所读作品的回应，但是他们每周还会写一则更长的反馈。萨曼莎的老师建议说："拓展你的想法，把它写在纸上。写下你对罗克［来自《纪念碑》（The Monument）］的认识。"

*for being who she is

Rocky seems almost like Sadako in a way that she's really active. Well, we don't know that yet, but I have a felling and she got her nickname, Rocky from throwing rocks when she was little. She gave up all hope on being adopted and then the authur fliped the book, like in the Invisable Thread and Number the Stars. She is also like Shea in the music of Dolphins, because she gave up hope on being adopted, and Shea gave up hope on opening up the cage inside of her.

I can sort of relate to Rocky because sometimes I want to give up, but Rocky should really have faith, hope, courage, determination, action and pride* She shouldn't look at her braced leg and her skin color and say "nobody wants me because of this", she should say "This makes me special." If you never like yourself, and you wish you were someone else, you would never get to know yourself and how good you are. Rocky should really keep that in mind. She should look on the positive side.

她将成为谁

在活跃方面，洛奇看起来非常像贞子。虽然我们并不知道，但是我有这种感觉。而且我觉得洛奇之所以得到这样的昵称肯定是因为她小时候太爱扔石头。她放弃被收养的任何希望，然后作者在书中猛地一转，就像在《隐形的线》（The Invisable Thread）、《数星星》（Number the Stars）中一样。洛奇也像《海豚之音》中的谢伊一样，因为洛奇放弃了被收养的希望，而谢伊放弃了打开心结的希望。

我和洛奇有点像，因为有时候我也想放弃。但是洛奇应该是有信念、希望、勇气、决心、行动力和自尊的。她不应该看着自己的腿和肤色说："没有人喜欢这个样子的我。"她应该说："这让我是如此与众不同。"如果你从来没喜欢过你自己，而且你希望你能是个别的人，那你永远不会了解你自己，也不会知道你是多么棒。洛奇应该记住这一点，她应该看看积极的一面。

以写作和图形组织为工具

到目前为止，我们已经可以帮助孩子很好地谈论他们所读的书。如果幸运的话，我们可以教孩子以类似的方法进行写作。如果这一切都实现了，那我们还是低估了写作的力量。

我们写作，把想法落到纸面，以此能够抓住稍纵即逝的想法。在写作的时候，我们能把想法握在手中，放进口袋里，并能把昨天的想法拿出来。在写作的时候，我们能把我们的想法提供给别人，并整合自己和他人的想法，以此改善我们的思维。在写作的时候，我们能带着自己的想法并发问："这儿真正最为重要的想法是什么？"我们能说："我的思考呈现着怎样的规律？"我们能问："你的想法和我的想法有什么相似之处呢？"我们能留意到："事情在发生变化！"

尽管请孩子选择一张值得讨论的便笺纸并针对它和文中标示出来的部分进行长时间的谈话（或者写作）是件很有力量的事，但事实上孩子围绕文本进行写作，所做的远不只是指出文本有趣的部分并进行评论。一旦孩子依据文本进行写作，那他们就能审视自己各种各样的观察并留意规律。他们可以依据一个简短的评论，随之形成一个可能贯穿整本书的推测。孩子可以进行合作写作。他们可以对朋友的观察进行添加补充，或是把彼此矛盾的观点放在一起，努力解释它们的不同。

在很多参与我们读写项目的教室里，过了一段时间，孩子会回顾随手写下的笔记，寻找可以引发好的交谈的想法，到时他们"摆放"的不单是一张便笺纸，而是一堆相关的便笺纸。在与伙伴对话中最先发生的事是，一个孩子展示了几张便笺纸之后，另一个孩子会回顾他或她的便笺纸和随手写下的记录并问："我在这本书里是不是也留意到和你想法相似的内容呢？"

两个读者差不多总是标记出具有相似想法的部分，所以在谈论以前，他们会收集一大堆参考资料。很容易能想象出，两个伙伴中间摆放着一张桌子，上面铺放着便笺纸。有时候会发生这样的事，即从文本中拿出太多做了标记的便笺纸，这会引发问题。通常，伙伴们会在他们之间放上一张大纸，在上面随手写下页码或笔记，而不是直接把便笺纸揭下来。可能刚开始的时候会用页码参考索引，但很快就会变成一个伙伴谈话时使用的结构图。如果这个谈话是关于两本虚构类历史小说比较的，那么这两个孩子会匆匆写下：

1999 年 3 月 24 日	
《南北战争的歌谣》	《我的兄弟萨姆死了》
◎ 杰克和汤姆一起长大。	◎ 萨姆总是比提姆早先一步。
◎ 汤姆和杰克总是在一起。	◎ 提姆和萨姆。
◎ 这本书的故事发生在一天。	◎ 这本书的故事发生了很多年。
◎ 在这本书中，一个兄弟留下来打仗，另一个则离开去打仗。	◎ 在这本书中，一个留下来帮忙，而另一个则离开去打仗。
◎ 发生在 1851 年。	◎ 发生在 1778 年。

一群三年级的孩子意识到，在帕特丽夏·麦克拉赫伦（Patricia MacLachlan）的巴比和他们读的其他很多书中，好像都有一棵大树倒

在书中人物的前面。这些人物可以选择或是无休止地围绕这棵树转，或是直面问题解决它。在做出这些宏大推测的时候，他们绘制了如下图表交谈时相互提醒。

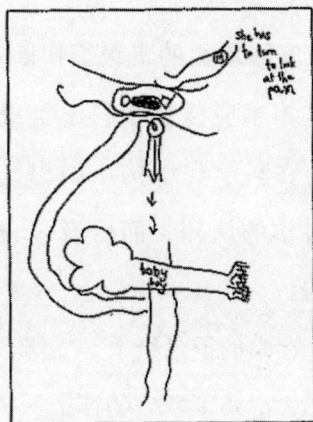

要求个别孩子多次参照文本或者共用一张纸作为讨论的基础，以此帮助他们进行同伴讨论并不困难。但是，很快我们就要在整个班级进行这种练习。这样做最有效的方法是，使用孩子已经读过的和自己的已做标记的朗读书或共享的短篇文本。

在朗读西尔维娅·恩达尔（Sylvia Engdahl）的《来自星星的女巫》（*Enchantress from the Stars*）的时候，安娜玛丽·鲍尔斯（Annemarie Powers）总是暂停，让孩子快速写下笔记（而不是讨论）。她会问："你记下的内容会让我们有好的交流吗？"以此引发班级的讨论。整个班级以这样的方式讨论了《来自星星的女巫》的最初几个章节。安娜玛丽想给她四年级的学生们增加点难度，于是第二天说："我们已经快读到这本书的一半了。在走路的中途，我经常喜欢停下来，看看我走过的和我仍然需要走的路。现在让我们停下来做这项工作，在读这本书的中途以及以后所有独立阅读时读到书的一半的时候。"接着，安娜玛丽建议全班分成四人小组，温习他们写下的笔记并进行讨论，回答这一问题："我们似乎一直在跟踪哪些想法？"

安娜玛丽的班级很快断定，他们对其中一个问题非常感兴趣，即这本书应该属于科学类虚构小说还是魔法幻想类小说。他们知道，在科学类虚构小说里，所有的故事情节都必须符合我们对已知科学的认知，而后者包含魔法，但是两者之间的界限显然是模糊的。

在大的记录纸上，安娜玛丽制作了一张非正式的图表。她用缩写的形式记录了学生的评论。比如说，写下"第1页'在魔法森林的边缘……'"，然后全班学生详细讨论这本书的名字和它是如何一开始就清楚地表明其是一本魔幻小说的。可是不久，安娜玛丽也写下了第13页和下面的这些话："保护者，去年轻的行星旅行。"这些句子虽不长，但再一次引起了长时间的讨论，即这本书考虑到先进文明能损害'年轻行星'，暗示这本书可能是科学类虚构小说。就问题的这两个回答，他们交流了更多的证据。之后，安娜玛丽说："我们将继续读。当我暂停时，让我们先讨论我们听到的新的内容是如何拓展我们关于这个问题的思考的。"当然，安娜玛丽刻意停在文中能刺激这种探索的地方。

我们使用谈话和写作来研究一个推测，随之而来的就是教室里的谈话变得更为深刻，更为丰富。当然，总的目标不是为了证明我们的观点，而是要改变我们的想法。比如，一旦埃米假设吉利看起来相当刻薄，这个想法就一直伴随着她，在继续阅读并接触新证据的过程中，她会不断发展和修正它。

在朗读下一本书的时候，在通过常规性的每日全班讨论完成这本书的前半部分内容之后，我们可能又会中途停下来，但这次我们不是全班都思考、跟进同一个问题，而是明确几个主要的想法并以小组的形式每天讨论一个。也就是说，我们继续朗读，小组认真倾听并且形成他们自己独特的想法。

当吉兰·怀特三年级的学生读到凯瑟琳·皮特森的《伟大的吉利·霍普金斯》时，吉兰说："我想知道你们有没有觉得书里面有些重要的推测？"当然，每个人都脱口而出，说出自己的推测。吉兰说："让我们收集一些在书中剩余的部分我们可能会继续跟进的线索。"很快这个班就列出了几条。吉兰接着说："我正在想有没有哪组伙伴想听这本书剩下的部分，想想为什么吉利看起来那么粗暴？"几个学生在调查单上签名。吉兰指着下一个想法说："有没有哪一组想继续思考吉利和伊莫金［来自巴巴拉·罗宾逊（Barbara Robinson）的《最好的圣诞盛会》（*The Best Christmas Pageant Ever*）］的相似和不同之处？"在接下来的一周里，每个调查组的成员都坐在地毯上听朗读，手里拿着笔，随时准备记录下所有和他们特定调查主题相关的内容。在朗读完某一章后，吉兰让这些小组散开到教室的各个角落，他们谈论并画着图表，然后进行了更为充分的讨论。直到这个时候，吉兰的三年级的学生才准备好把这样的练习带到独立阅读工作坊。

使用图表训练伙伴之间的谈话，并以此引导后面的阅读，这对孩子来说并不困难。我的儿子伊万上三年级的时候，和他的伙伴简阅读了莱曼·L. 鲍姆（Frank L. Baum）的《绿野仙踪》（*The Wizard of Oz*）系列作品。一天，伊万告诉简，他几乎完全肯定稻草人

（Scarecrow）已经很聪明了，所以不需要去求助男巫。伊万说："有一件事情让我怀疑，那就是，如果稻草人已经得到大脑，那他为什么还必须要去男巫那里寻找？"

简不很确定稻草人是聪明的。她对伊万说："你知道他是稻草人，不可能有聪明的稻草人。"

接着两个孩子像计算器一样通读这一系列作品。每次稻草人表现得聪明或不明智的时候，他们都做记录。在阅读的最后，老师和他们讨论时，简和伊万同意：稻草人已经很聪明了。

简问："胆小的狮子怎么样？"

伊万说："它也聪明。"

"不。可能这头狮子已经很勇敢了，所以它不需要鼓励。可能铁皮人也已经有心了……"这两个伙伴很快画了一个图表，看起来像这样：

Wizard of OZ

Scarecrow - has brains
37 - "its tedius up here..."
45 - "if your head was stuffed yould all live in OZ and Kansas would have no one"
26 -
80 - "cut down a tree to make a bridge"

Lion - has courage
78 - "jumped the ditch carrying Dorthy and all"

82 -

Tin Woodman - has heart
66 - "we must protect Toto if he is in danger!"
70 - cried because he hurt bug
80 -
96 -

Toto has ?

《绿野仙踪》	
稻草人——有智慧 37——"这儿很烦琐。" 45——"如果你的脑袋被塞满了，你就会住在奥兹，而堪萨斯则不会有人。" 80——"把树砍倒来做个桥。"	狮子——有勇气 78——"背着多萝西和所有人一起跳过了沟渠。" 82——
铁皮人——有心 66——"如果托托遇到了危险，那我们必须保护他。" 70——因为他伤害了虫子，所以他哭了。 80—— 96——	托托：有？

在稻草人的方格里，简和伊万列出了书中稻草人看起来很聪明的部分的页码。他们针对其他的人物和人物特征也做了同样的事。伊万和简以这个图表为指引对《绿野仙踪》系列作品进行了长达两周的讨论。一段时间之后，伊万和简把注意力转向《绿野仙踪》中的大图。他们复制了《绿野仙踪》里面所有的图，并组拼到一个中心图上。他们每天见面讨论读过的内容，用便笺纸标记出书里与地点相关的内容，然后试着一起在他们的图上定位这些地方。

幸运的是，伊万和简的图表揭示了《绿野仙踪》这本书的一个重要主题。有很多时候，读者寻求书里那些次要的想法，或者只是呈现个别读者对某一文本的理解。我们需要预料到并欢迎这种情况的发生。读完《绿野仙踪》，伊万接着阅读凯伦·库什曼（Karen Cushman）的小说《鸟人凯瑟琳》（*Catherine, Called Birdy*），为此他也绘制了一张图表。看到把她的胸比作成熟的桃子的字句，伊万的眼珠都快要爆出来了。他告诉我说："妈妈，我不觉得这本书是给孩子看的。"很快，伊万就深入研究"这本书是给孩子看的吗"，他非常尽职地标出书中所有性感的句子，并非常兴奋地和他的伙伴狄龙分享。我在远处看着，意识到我在青少年时代读《飘》（*Gone with the Wind*）的时候，也做了个类似的探究。

下面的图表描述了一个理论和一种隐喻，是三年级的一些学生围绕杰里·斯平尼里的《疯子麦基》想到的。他们认定，故事围绕一个连接两个不同世界的桥梁展开。读的时候，他们有时随手写下桥梁的进展（或者失修）情况，并在自己的笔记本上画图。孩子们就此讨论了很久，并宣布："每次有人从桥上经过，这个桥就会变得更加牢固。"尽管这些描述看上去一点儿也不特别，但对于这些学生来说，它代表着一个想法的诞生，这是值得留意的。

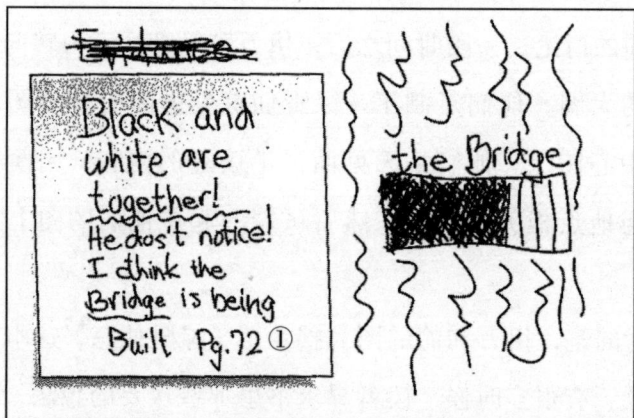

一天，我听到二年级两个孩子之间一段特别的谈话。他们在阅读加里·素托（Gary Soto）的一本名为《查托的厨房》（*Chato's*

①　白人和黑人在一起！他没有注意到。我认为大桥正在修建。

Kitchen）的小书。围绕着主角，他们制作了一个像心电图一样的波浪线来描述它的开心和伤心。那是本图画书，他们的老师之前已经在班里朗读过。查托是一只拉丁美洲猫，它邀请它的新邻居五只老鼠来做客，目的是想把它们当作晚饭吃掉。它们的到来让猫吃惊，因为它们也带来了狗朋友。每人都吃了顿美味的晚餐，但这并不是查托所期望的。

玛丽亚和安杰尔的图表看起来就像一条波浪线，有些地方标有单词，但是这张图表引导了一场非常棒的对话。

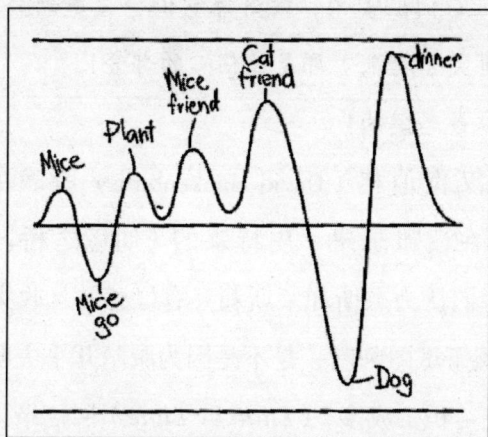

玛丽亚：你为什么把最后的那个画那么高？（指着图表上最后的隆起，像要跑出页面一样）它那时候不是很开心，因为它很怕狗。

安杰尔：这是书的结尾，它必须是最开心的。

玛丽亚：但是它没有吃掉老鼠，而这是它所渴望的。

安杰尔：但是它们一起吃饭，那是最和睦和开心的。

玛丽亚：我觉得那和它邀请老鼠们来并想把它们当作晚餐给

吃掉一样开心。

安杰尔：后来他想到了把老鼠当晚餐给吃掉这件事。但是当时他甚至没有时间去想老鼠像热玉米饼一样美味。

玛丽亚：它想着会很好吃。它在跳拉丁舞。（指着那页）

安杰尔：好吧。可能是同样的，只是高一点点。（他擦掉并修改了图表）

玛丽亚：这个必须低些，像掉到地面上一样。（指着图表上狗出现的地方）

安杰尔：它们很害怕，就好像它们会变成骷髅一样。（他们两人看着这页笑了起来）那是最伤心的部分！

玛丽亚：最恐惧的！

在大卫·汉肯伯格（David Hackenburg）所教的五年级的教室里，孩子们在读凯瑟琳·皮特森的《仙境之桥》（*The Bridge to Terabithia*），他们认为杰斯和莱斯莉互有好感并且收集证据支持他们的推测。一些孩子试图判断，是不是因为眼睛几乎失明，琼·利特尔（Jean Little）在《积少成多》（*Little by Little*）回忆录里，用了更少的段落描述她的晚年。还有其他的人集中精力阅读科学书，试图发现哪种动物比较聪明，海豚还是黑猩猩。我看见过孩子们探索比较帕特里夏·麦克拉克伦的《亚瑟，第一次》（*Arthur, for the Very First Time*）的写作和加里·保尔森（Gary Paulsen）在《纪念碑》中的艺术呈现。孩子们也思考这样的问题：弗雷德·吉普森（Fred Gipson）的《老黄狗》（*Old Yeller*）里的狗像不像法利·莫厄特（Farley Mowat）的《不喜欢的狗》（*The Dog Who Wouldn't Be*）里的狗？伊丽莎白·乔治·斯皮尔（Elizabeth George Speare）在《黑鸟水塘的女巫》（*The Witch of*

Blackbird Pond）里描述的那个时代和现在有什么相同的地方？

　　最近，吉兰·怀特的两个三年级学生阿梅莉亚和萨曼莎重读了老师已经给他们朗读过的凯伦·黑塞的《海豚之音》。在每一章的最后，这两个女孩子都会讨论女主角梅拉是更爱海豚世界还是人类世界。跟随着主人公拉锯式的心理历程，两个女孩绘制了多张图表进行论述。下面呈现了其中的一些图表。

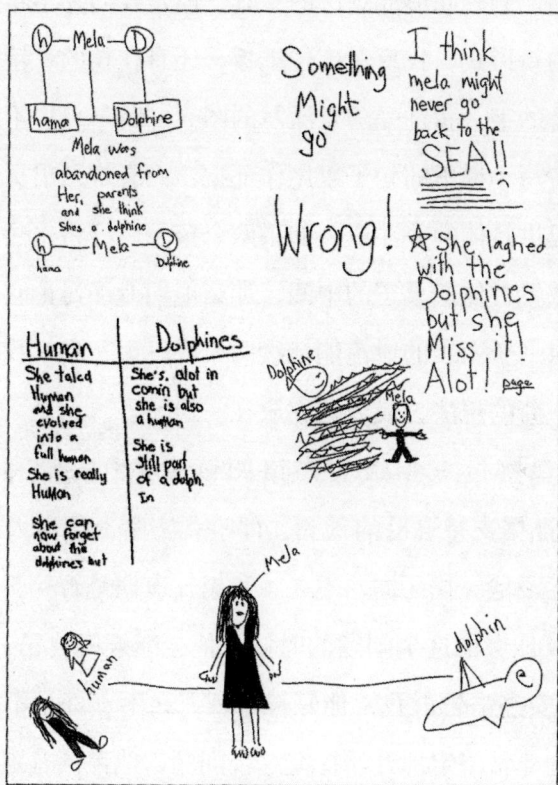

　　图表能激起孩子们的兴趣并让他们收集见解，但是图表也能扑灭见解的火花。两者的差异在于它们是帮助我们实现一起思考的目标，还是它们变成了目标，谈话只不过是填充图表的工具。秘密是什么？那就是图表应该只是在它们有帮助的时候才使用。它们必须是完全可以自由使用的。图表是用简单的方法捕捉想法、训练专注力并反思新证据的工具。如果读者结束图表绘制并没有讨论（或者思考），或者图表本身占据读者用来阅读和讨论的时间，那就是有问题的。

我们鼓励孩子使用图表、曲线图、简图、页码清单、文氏图、矩阵和任何帮助他们一起形成想法的工具，但是我们并不希望孩子把这些看成阅读的新形式。我反对广告纸板，还有在长的、精心制作的图表上书写可爱的字，我钟爱随意涂写的图表。我一点也不喜欢慢慢、一板一眼地眷写小说里的句子以用作证据，而喜欢列出页码。图表能给同伴讨论提供具体的关注点。如果两个孩子已经将想法表达在一个图表上，并放置在他们桌子的中间，那么他们专注讨论它的可能性更大。我期望对一个图表的讨论能持续两天或三天，到时我们就需要改变图表来适应新的想法，或者把它放在一边。

我曾经观察过三年级安杰洛阅读《可怕的哈利》（*Horrible Harry*）收集证据支持自己的预测，即哈利实际上很讨人厌。安杰洛似乎在逐页逐段地寻找证据。不久，我想知道他是否检验了自己的观点。当我建议他考虑这个问题的时候，他会继续问自己："我现在好奇什么呢？"安杰洛告诉我，他好奇哈利那么不友好是不是想获取别人的注意。他非常坚定地开始探究这个问题，他怀疑别的什么原因导致哈利不友善。我们需要孩子知道，一旦他们确认了自己的预感或者捕捉到其他有趣的想法，那从验证第一个想法转移到探究下一个想法是很重要的。

顺着思绪进行写作

一旦我们的孩子学会围绕书形成推测并带着客观评价的心理阅读和讨论书，那建议他们把写作当成一个既可以和朋友反思想法，又可以反复琢磨自己想法的工具，会非常有力量。为了准备和伙伴讨论，我们的孩子常常不仅会使用便笺纸，而且还会写更长的条目。举例来说，多里和安德鲁阅读帕特丽夏·麦克拉克伦的《心灵旅程》（*Journey*），读到一半的时候，他们决定重新思考这本书，尤其是书中图片的作用。书的封面上有一台旧式的照相机，在封面里侧有一张只是露出了朱妮胳膊的破损的照片，将它从身体上撕裂出来。接着是前言，内容如下。

妈妈叫我朱妮。朱妮，好像多少表达了她对我不安的期许。在我十一岁的时候，妈妈离开了。那是在春天来到我们的山坡，山坡上的山月桂绽开之前，那是在夏天轻拍着门、长夜漫漫和书长霉菌之前。我应该知道，但是我不知道。我的姐姐凯特知道，我的奶奶知道，但是她保守着这个秘密。爷爷知道并这样说：

妈妈站在粮仓那儿，脚边放着手提箱。

她说："我会寄钱给凯特和朱妮。"

"那还是不够，里迪尔。"爷爷说。

"我会回来的，朱妮。"妈妈温柔地说。

但是我抬起头，看着在她头发上摇晃的光，这让她看起来像是没人能束缚住的天使，即便在她离开的时候……

爷爷对我说："不，孩子，她不会回来了。"爷爷的声音很大，在粮仓里回响。

接着我打了爷爷。

在他们有关这本书的同伴讨论中，安德鲁和多里决定列出和摄影相关的页码，但是很快他们发现他们把每页都记了下来。举例来说，安德鲁和多里意识到，麦克拉克伦基于场景写作，好像这本书是一组连贯的照片。接着，他们意识到，这本书开始的场景（快照）在第一章的结尾重新出现，但是这时聚光灯不是打在离开的妈妈身上，而是在朱妮和她的愤怒上。当安德鲁和多里重读这本书考虑照片的作用的时候，多里在下一页左边做了记录，安德鲁的记录写在右边。两人写这些都是为了准备他们的讨论，两人写的这些表达了当时他们心里的感受。我是多么喜爱这两条记录中的犹豫、踌躇和解释性的语调，多么喜爱这些孩子用写作来探究想法的意识。

2/11/92

Journey: Letter to P.M.

The camera makes Grandpa happy, makes Cat and Grandma annoyed and makes Journey change. Maybe it wouldn't have gotten any better for Journey if he didn't decid to try and see if the camera would help. If Grandfather hadn't started taking pictures at the end of the book Journey would still have a problem. I think reason Grandfather started taking pictures is to get Journey to try to take pictures and to find his life from his past. I think that Journey will give away the camera, because I figure Cat went through the same thing with the father and that would prove my point about Journey being like Baseball!

2/11/92

《心灵旅程》：下午的信

这部相机使爷爷开心，使凯特和奶奶烦恼，使朱妮发生了改变。如果不是朱妮决定试着看看相机是否会对旅程有所帮助，那这旅程不会有任何好转。如果在书的结尾爷爷没有拍照，那朱妮会遇到问题。我觉得爷爷拍照是因为他想让朱妮拍照，并想让朱妮从过去中走出来，开始新的生活。我觉得朱妮会丢掉相机，因为我发现凯特和爸爸都经历过同样的事情，而这会证明我关于朱妮喜欢棒球的观点。

I not exactly sure how to began, but here gos nothing.
"Photography is a tool for dealing with things everyone knows about, but isn't attending to." At first ~~nobody~~ everybody ^knows about the problem, but doesn't attend to it. I think that tells us something about how that family feels about eachother. I think in a good family if one member of the family has a problem the rest of the family should help.
Also in a way I think that this says that photography isn't to look at the people in the picture as much to look around the picture and "underneath" the picture to see what is there.

我不确定是怎么开始的，但是什么都没发生。

"每个人都知道摄影是处理事物的工具，但并不关注。"首先，每个人都有自己认识问题的方式，但却并不关注这些问题。我认为这能告诉我们这个家庭对彼此的感觉如何。我觉得在一个好的家庭里，如果家中有人遇到了问题，那么其他人都应该给予帮助。另一方面，我也觉得这能说明摄影并不是单看照片里的人，同样地，也应该看照片周围及隐藏在照片背后的内容。

　　安德鲁和多里现在做的工作和他们到初中被要求写文学短文之间的差别只有一小步。像安德鲁和多里一样，我的儿子迈尔斯在五年级创作文学短文时，就借鉴了讨论书和绘制相关图表的经验。一天傍晚，他的任务是写他正在读的埃丝特·豪齐格（Esther Hauzig）的佳作《无尽前行》（*The Endless Stepper*）的读后感。作业具体要求是写这个人的性格在书中是如何变化的。刚开始迈尔斯是抵触的，因为他觉得一个人的性格是不会随着时间而改变的。尽管他对这个作业有疑虑，但他还是写了篇短文。草稿的一部分是这么描写的：

The story begins in 1941 in the polish town of Vilna. Esther Hautzig, the heroine of the Esther Hautzig's Fictional memoir, the Endless Steppe, lives an idylic life. Ether lives together with her extended family in a mansion enclosing an amazing garden. Her Father is a successful electric Engineer. She has a summer cottage on the bank of River Wilja. During the school year her days are full of lessons - Piano lessons, Dancing class and trips to the library. Her problems where small ones; She fought with the librarien for grown-ups books and she fought with her Mother for silk underwear that the other girls wore, instead of her white cotton ones that her Mother made her wear. She was happy, carefree, trusting and optimistic.

　　In the early pages of the book, you start seeing how optimistic and trusting she really is. Even when her world starts to collapse, she still acts as if her life is perfect. Because she is Jewish and this is taking place during World War II the Russians confiscate her fathers job and her familys property, but they do not Evict her yet. It was amazing to me that instead of being panicked and deppressed She continues to live blithfully on. Playing in the garden with her cousin and happily skipping down the street to School. Things get worse and she continues to believe that her life will improve.

　　故事发生在 1941 年维也纳的波兰镇。《无尽前行》这部虚构的回忆录中，10 岁的女主角埃丝特住在无边无际的大草原上，过着田园般美好的生活。她和她的大家族一起生活在一个慢慢变成神秘花园的大宅子里。她的父亲是一个成功的电气工程师。她在维里亚河岸有一座避暑别墅。在学年中，她的日子被钢琴课、舞蹈课和去图书馆填满。她的问题都是小问题。图书馆只有适合成年人读的书，为此她和图书管理员争吵；别的女孩子穿丝绸内衣，而妈妈却让她穿棉质内衣，为此她和妈妈争吵。她开开心心，无忧无虑，信任别人而且非常乐观。

　　在书的前面，你就能看到她是多么信任别人和乐观。甚至当她的世界开始倒塌的时候，她依然表现得她的生活好像是完美的一样。因为她是犹太人，当时正值第二次世界大战，俄国人使他父亲丢掉了工作，并没收了他们家的财产，但是并没有驱逐她。让我感到惊讶的是她非但没有情绪低落，而是依然非常喜悦地生活着，她和表兄弟们在花园里玩，开心地蹦蹦跳跳着去上学。事情变得非常糟糕的时候，她依然相信她的生活会改善。

When the Russians come to Evict her She assumes she can take all her precious belongings as if they were headed to a hotel. When she is on her way to Siberia She is optimistic in thinking of Asia as a land full of men with long beards and Turbans and the air heavy with spices. You could say that Ether is optimistic and trusting But you could also say she is blind and that she was deluding herself. Two on one Coin. Maybe She deludes herself and acts too. She does not see how bad things are because of the family custom to share ones joys and hide ones sorrow Maybe She hides them So well that she hides them for herself.
When she is freed and they move into the village She really starts to change. She Changes slowly. But, the main change come on the news of her Grandfathers death. The Whole Family wept and When Esthers mother Mother left Esther tried to comfort her. But, it was on the long train ride.

当俄国人来驱逐她的时候，她表现得好像是要带着她所有珍贵的随身物品去旅店一样。在她去西伯利亚的路上，她非常乐观地想象着亚洲大陆上的男人们留着长长的胡须，裹着头巾，空气中充满着香料的味道。你可以说埃丝特是乐观的，信任他人的，但是你也可以说她盲目地掩饰自己。事物都具有两面性，可能她掩饰得很好，表现得也很好。她没有看到那些不好的事情，有可能是因为她的家人习惯分享乐趣而掩饰悲伤，也可能是她掩饰得太好了，以至于连自己都没察觉到。

（×）当她恢复自由并和家人们一起搬到镇上的时候，她真的开始改变了。她改变得很慢，但是在知道爷爷去世的消息时她发生了很大的改变。那时家里所有人都哭了。当埃丝特的妈妈离开的时候，埃丝特试着去安慰妈妈。但是，这是在长途列车上。

孩子学习怎么写中学阶段要求写的短文，这是件好事，但是真正的目的应该是有个丰富的文学生活。我们的希望是当我们给孩子思考的工具的时候，他们在思考和阅读时能达到新的深度，意识到新的可能性。

第七章

阅读项目（二至八年级）

在五年级的时候，迈尔斯被要求制作一个衣架风铃来解释菲利普·普尔曼（Philip Pullman）的《金色罗盘》（*The Golden Compass*），制作一个立体模型来说明埃丝特·福布斯（Eather Forbes）的《自由战士》（*Johnny Tremain*），和制作一个游戏板来体现加里·保尔森的《干草地》（*The Haymeadow*）中的基本要素。看着迈尔斯做这些项目，我开始想，如果孩子们都有机会投入一种与众不同的图书项目，那种可以塑造人读写生活的项目，那该是多棒的事。

安妮·迪拉德（Annie Dillard，1987）在她的回忆录《溪畔天问》（*An American Childhood*）里谈到一个这样的项目。在十岁的时候，她发现了尼古拉德斯（Nicolaides）的《自然画法》（*The Natural Way to Draw*）。她写道："有书写人们真正所做的事，这让我震惊。"

在两年的时间里，我一直认真而又随性地画画……现在这本书将点燃我有意识地画画的激情……在八月份剩下的日子和整个秋天，这本激励性的书引领着我的生活。我试着遵循它的计划：

每天 65 个动态素描、15 个印象绘画、1 个小时的轮廓素描……
我把阁楼的一个卧室改装成工作室，然后搬了进去。每个夏日或
者周末的早上八点，我会把那天的绘画计划贴到墙上。

安妮·迪拉德并不是唯一一个为自己创建阅读项目的人。尼歌
斯·卡赞斯基（Nikos Kazantzakis）在《给希腊的报告书》（*Report to
Greco*）中写道，作为孩子，他把自己所有的玩具卖给朋友并买了一
套有关圣人的图书。"在我的想象中，圣人现在和那些着手拯救世界
的骑士合二为一了。当我稍后读塞万提斯，他的英雄——堂·吉诃德
看起来就像一个伟大的圣人和殉道者。"

我经历了自己的阅读项目，它们给我的生活带来了巨大的快乐。
在高中的时候，我读过那些在教会感觉受上帝召唤来引领他人的书。
劳埃德·道格拉斯（Lloyd Douglas）的《长袍》（*The Robe*）、弗雷德
里克·宾池纳（Frederich Buenchner）的《字母恩典》（*The Alphabet
of Grace*）和列昂·乌里斯（Leon Uris）的《出埃及记》（*Exodus*）给
我那么多的激励。后来，我住在英国的郊外，常常在灰蒙蒙的早上穿
过荒野，我买了托马斯·哈迪（Thomas Hardy）所有的书。读它们的
时候，我感觉到它们在赐予我力量。

想想有多少这样的和其他的阅读项目赋予我的生活以意义，所以
当看到我儿子为金属驱动盘上的杂志照片所吸引，我很难理解。我认
识的读者难得有人制作衣架风铃了；相反，他们把阅读编织进他们生
活中的人、项目和地方。

十二月份，在我们高年级的阅读工作坊中，我认识的很多老师都
会设计一个简短的单元提醒孩子，我们在阅读工作坊中所做的并不仅
仅是学校作业，还是毕生的事业。我们不会等到学年结束的时候才

问："你会如何把教室里所学的内容带到自己持续的阅读生活中？"没
有什么问题比这更为重要，所以，我们会在这学年剩下的时间里经常
回顾阅读项目这一研究单元。这个简短单元的安排要求学生基于自己
选择的项目做出规划，确定个人方向。有时候，我们会开玩笑地称这
为"获取（阅读）生活"的研究。在十二月份（如果不是以前），我
们对孩子说："作为读者，我们所有的人都追求目的和目标。你现在
的和以后一直的工作都是为自己创建阅读生活。"

　　我们通常以分享我们生活中正在进行的阅读项目开始这一单元的
教学。我们可能会告诉孩子，我们一直在读讲述母女关系的书，我们
正在搜寻亚裔美国人的回忆录，或者因为想购买公寓我们在研究抵押
贷款。而且我们会让孩子知道，好的读者经常有着特别的阅读兴趣
点，这些阅读兴趣常常（但并不总是）需要和他人分享。

　　为了帮助孩子讨论可能的阅读项目，我们有时会问他们一系列的
问题，并建议他们讨论或者随手记笔记来回答如下问题：

　　◎ 你希望有机会围绕阅读的哪些方面来努力一阵子？你想
试着读稍难一点的书吗？你想读更多的非虚构类作品吗？你想在
阅读的时候更擅长识别和学习新单词吗？

　　◎ 你的兴趣或者爱好是什么？阅读会如何支持并促进它们
的发展？

　　◎ 你特别喜欢的文本有哪些？围绕这些文本和其他类似的
文本你如何做得更多？

　　◎ 作为读者，你所看到的下一个挑战是什么？如果你要朝
着一个新的阅读目标迈进，那会是什么？

　　◎ 想象一下，如果你每天白天在学校、晚上在家都有时间

阅读对你最具吸引力的书，在这段宝贵的时间里，你想要做些什么呢？

很多老师建议，孩子可以先形成几个可能的阅读项目想法，再分别和老师、父母讨论。随后，我们在和孩子讨论的时候，会帮助他们权衡追求一个或另一个主题的优势和不足。我们帮助他们意识到，其他孩子和他们有着共同的兴趣。他们可以合作做个调查吗？乔希和布赖恩，两个基姆·塔皮尼安（Kim Tarpinian）的太空爱好者，一起努力收集了一筐从《缪斯》（Muse）杂志、图画书和诗歌中找到的与流星相关的文章。为了获得额外的信息，这两个男孩形成了每周二查阅《纽约时报》（The New York Times）"科学时代"（Science Time）板块的习惯。不久，他们给自己的小图书馆做了个注释指南，方便其他读者查阅。

萨拉纠结于追赶伙伴的阅读速度，一个阅读项目因此而诞生。判断别人可能受益于快速阅读课程，她也为自己设计了一个。萨拉开始聚焦流畅阅读，而不是长时间注视每个单词。她记录她希望一次所完成的阅读总页数，和实际阅读的总量比较，并监控自己的进步。

汉娜和梅利莎对美国娃娃着迷。这促使她们研究自己拥有的娃娃的历史背景，并安排了午饭时段在学校和其他孩子讨论这些娃娃和它们所代表的年代。

同时，一组学生决定先读完布鲁斯·布鲁克斯（Bruce Brooks）的包括《狼湾的翅膀》（Wolf Bay Wings）在内的美妙冰球系列，再阅读他的非虚构类作品。两个女孩决定每天继续阅读与濒临灭绝动物主题相关的图书，她们会在学校办公室外面的公告板上张贴新的、令人惊讶的统计数据。首先，她们张贴了一个发现，即一种带有闪亮外衣的流行糖果（这儿就不提名字了！）里面含有压碎了的甲虫壳。不久，整个学校都对这个事实议论纷纷，相关读者都明白了信息的力量。

为什么要做阅读项目

我们花费两个星期做阅读项目的研究单元，产生的回报是多么大！为了理解这一回报，认识到这一点很重要——在这个研究单元期间，孩子设计阅读项目，为自己结束该单元之后提供在校和家中阅读的指导。这意味着，相对于孩子持续选书、读书和对书做出反应这样的循环，现在他们处理阅读有了新的方向。对孩子来说，读一本书并标记讨论内容，这可能是孩子生活中的最大工作，或者说它是一个令人讨厌的练习。两者之间的不同在于孩子工作时的投入程度。一个简短的阅读项目研究单元，提供一次发展学生的激情和抱负的机会。一个孩子通过研究真正伟大的科幻小说作家来研究科幻小说世界，而不仅是随意读一本科幻小说，这会有多大的不同啊！

阅读项目的研究单元产生的第二大好处是，因为敦促孩子带进自己的个人兴趣，它彰显了班级阅读社区的多样性。迄今为止，有时候看起来好像班级的每个人都在读同样的内容，但是现在一个孩子转向诗歌并为收集到的喜欢的诗歌制作音频，另一组的孩子一直讨论魔幻小说，还有其他的孩子聚众人之力（书）收集"小马驹"（*Little Pony*）系列书和书评。使用该方法的一大优势是，孩子们不再仅仅因为他们所读书的水平而喜欢或讨厌彼此了，现在他们的爱好和激情赋予了他们读者的身份。

再者，阅读项目的研究单元也提供给孩子巩固和练习他们所学内容的机会。在九月份，我们可能已经涉及朗读时流畅阅读和注意措辞的重要性，现在一些孩子需要回头温习所学内容。或许是因为他们真的非常渴望拓展所学内容，也或许是因为我们觉得他们需要更多的时间练习和得到我们更多的指导。伴随着鼓励，我们能帮助孩子设计项目，围绕的不仅是主题、作者或体裁（他们阅读"什么"），而且可以是他们"如何"阅读。可能有孩子仍没有养成阅读的习惯，我们可以指导他们几人组成一组，专门抽出更多的时间用于阅读。我们也可以鼓励其他孩子挑战更难的读物。我们可能和这些挑战更难一级读物的学生们组成指导阅读组，给他们提供书的介绍，然后帮助他们阅读具有挑战性的文本。

作为老师，阅读项目这一研究单元给予我们恰当的机会来更正课程。如果我们知道阅读项目研究单元会帮助我们建立新的伙伴关系，并调整我们早期针对孩子不同阅读水平的指导，那在九月份根据学生的理解程度进行搭档分组和图书配对时，我们就不会那么不安了。

阅读项目让人最为受益的是，这一研究单元会提醒所有人我们教学的重要目标。去年六月份，CBS（Columbia Broadcasting System）电视广播网络给我打电话，说他们听说了参与师范学院阅读与写作项目的一些班级的优秀做法，因此想拍摄这些班级并在国家电台播放。CBS 的人想第二天就来，而这恰恰是该学年的倒数第二天。我想到了斑驳的、为暑假而收拾过了的教室和闷热的六月，想到了处在放假边缘的孩子的状态，怀疑是否要想整个世界看到处在学年倒数第二天的纽约市的教室。抱着冒险的态度，我努力保持着平静说："欢迎你们来！我会再打电话给你们沟通具体的细节。"

第二天一大早，我在哈莱姆（Harlem）第 125 小学的四楼走廊等着电梯打开。从电梯里出来了两个记者、一个制片人、一个联合制片人、一个公共关系总监和一个带着（挂在钓鱼竿上的）麦克风的音频技术员。我不安地带着所有随行人员穿过长长的用绿色水泥铺好的走廊，来到了 406 房间的门口。坦白来说，一学年结束了，我们会在教室里看到什么，我没有把握。我把门开了一个缝儿，快速地扫视了这个房间。就像预期的一样，凯瑟琳·托兰花了一晚上的时间重新归置书架和绿植，教室的墙上也挂上了装裱过的照片和学生的佳作。玛莉卡蜷缩在一个摇椅上，在她的旁边放着一本书和一张空椅子。我对凯瑟琳眨了眨眼，并转身要把这些随行人员带到这个地方。令我惊慌的是，他们已经把肖尼围了起来，而肖尼既没有阅读也没有写作，而是在一个小木盒子上贴贴画。一想到这幕将在全国播放，我就叹息起来。这时肖尼抬起头来，说："这是我的写作盒子，整个夏天我都会收集些小的珍宝，像羽毛、花瓣和其他的物品，然后……"肖尼从她的背包里拿出笔记本："我会写它们。"

同时，马里奥手里拿着带夹纸的笔记板，忙着问同学最喜欢的书是什么。他说："我在思考这个夏天要读的书。看，我会有个夏天图书俱乐部。我们每天早上 8:15 会在我的公寓里见面。到现在为止，这个俱乐部只有我并且这还只是我的想法。我们会讨论书。我会问：'那真正写的是什么？'和'你同意吗？'然后我们会讨论、思考。"他接着补充说："其他的一些孩子可能也会来。"

在接下来的一个小时，我们看到托尼在写请愿书并引用了杂志上一篇关于智力发展迟缓的文章，为了帮助他的小弟弟回到主流教室。我们看到阿什利在仔细地归置一套誊写纸，分别来自这学年的二十一本朗读书。她说："我会把它们放在我的床上。每天我都会读这些，并回忆那些书。它就像放满好书的书架。"我们看到孩子在润色准备寄给出版社的书信，试图说服他们提供更多的书。詹姆斯写道："我仅有五本书，但我已经把每本读了十遍。"德瓦尔说："如果你们有诗，那就太好了，因为我也是个诗人。"

后来，在406房间外面的走廊里，制片人把我拉到一旁说："像这样一个教室，背后的故事会是怎样的？"他们在我前面晃着毛茸茸的好似浣熊尾巴的麦克风。我说："这些老师所知道的是，让孩子创作短文、回忆录和对文学做出回应是很重要的，但对他们来说，更为重要的是建构重视阅读和写作的生活。"

第八章

图书俱乐部（二至八年级）

我一直喜欢生存类的文学作品。我喜爱学习《海角乐园》（*The Swiss Family Robinson*），他们竭力从正在下沉的船上抢救物品，并用它们为自己创建了树屋，还建立了文明。我喜欢学习加里·保尔森笔下的人物布赖恩，他的飞机在阿拉斯加的荒野上坠毁，而他用仅有的一把短柄小斧子抓鱼、打火并建立了一个世界。我阅读生存类的文学作品，惊叹于那些因地制宜、创建生活的人所呈现出的想象、创意和活力。同样，我也惊讶于好老师的想象、创意和活力。我们也能基于我们所拥有的——从我们童年的家里、路边的垃圾堆、学校的地下室和家中的阁楼——用它们在我们的教室里创建世界。

九月份，孩子们和我们一起构建阅读工作坊。我们对他们说："我们需要在教室里创建一个重视阅读的地方。"很快，我们的孩子就为自己装满一筐筐的书，寻找他们能够安静读书的角落，设定自己阅读的速度，结交读友，并开展阅读相关的学习。在他们为自己生活和个性身份构建阅读的地方的同时，这一长期的项目点燃了他们学年初的活力。尽管如此，五六个月以后，我们就该拓展新视野了。到那个时候，我们需要创建树屋（阅读教室）的第二层。那时，孩子需要更为独立。

图书俱乐部的缘起

为了开始阅读俱乐部的工作，我的同事和我研究了全国的其他老师针对小组工作所做的努力。这对我们的帮助极大，帮助我们思考小组的不同组成和安排，帮助我们考虑小组不同的构成，帮助我们理解形成其他多种形式小组的动力和重要因素。

由于我的同事和我研究了全国的其他老师针对小组工作所做的努力，我们马上认识到我们对阅读的理解和对读书会的希望与凯茜·肖特、卡伦·史密斯（Karen Smith）、凯瑟琳（Kathryn）、米切尔·皮尔斯（Mitchell Pierce）和拉尔夫·皮特森（Ralph Peterson）、玛丽安·埃兹（Maryann Eeds）是一致的。这些教师研究者倾向于使用文学圈来形容他们的小组讨论，我们也想继承他们的这一表述，以彰显我们共享"讨论是建构意义的一种途径"、孩子在回应问题的过程中也会产生问题、小组是聆听分歧性想法和不同声音的地方等理念。尽管如此，我们的小组还是和文学圈有着不少显著的差别。概而言之，我们的小组倾向于是长期性的，一组孩子会在一起读很多的书。

我们了解到很多回应小组因共读某本书而形成，又因完成某本书的阅读而解散，我们非常赞赏这样的做法。作为成年人，我们长期待在一个图书俱乐部，很难想象短期的回应小组会产生多大的价值。我们对一本书的讨论总是基于对其他很多书的理解，一个好的讨论差不多都是建立在许多其他谈话的基础上的。我们也很重视长期的图书俱乐部，因为我们共享讨论的经历意味着这些特别的读者将站立在我们的肩膀上，帮助我们以新的方式来看待这些文本。我们希望学生们有这样的受益，我们知道我们的俱乐部会持续很长时间。

我们也注意到，我们读到的回应小组经常是由老师发起，那位老师列出几本可供选择的书，对学生们说："翻看这三本书，从中选择一本，签名加入一组。"我们的理解是，老师让孩子自己从代表着不同难度水平的书里做选择，这可能是老师想避免按照孩子能力分组的一个方法，让孩子自己做决定。生成的小组，也就是我们常说的文学圈，并非基于能力。文学圈通常在组员读完和讨论完一本书之后解散，如果一个孩子不能独立阅读该文本而是依靠父母朗读，这并不会是个大问题；而我们的小组是长期持续的，如果在一个俱乐部的读者们不能读近乎相同的书，那就会出状况。因此，当我们在教室里组建图书俱乐部的时候，孩子们需要知道不同的同学所读的书种类和难度都不一样。我们告诉孩子们，他们在图书俱乐部里聚集，他们能和那些读容易一点书（相对于他们来说）的同学一起阅读，但和那些选读令自己困惑的书的同学一起阅读往往是不好的。我们判定，如果我们建立长期持续的阅读小组，把想一起读书而阅读水平相近的人聚在一起，那通常我们就可以让他们自己选书。

这一章我们会先谈谈阅读俱乐部的概要，也就是形成图书俱乐部、安排图书俱乐部的工作、指导选书和确定孩子们什么时候准备好加入图书俱乐部。接着，我们会观察一个充满活力的图书俱乐部，以此了解我们可以努力做些什么。在最后的部分，我会讨论朝着目标努力的方式、提升孩子在图书俱乐部学习水平的方法。我会建议通过使用简短和共享的文本、迷你课、俱乐部中的辅导和面谈来提升孩子的学习水平。

图书俱乐部的运作

形成图书俱乐部

凯茜·多伊尔对她五年级的学生们说："布赖恩得到了他的荷兰垂耳兔，并发现在新泽西的每个县都有荷兰垂耳兔俱乐部。同学们，我一直在思考这个问题。事实是，在这个国家我们什么俱乐部都有。你们中有人在象棋俱乐部，有人在犹太俱乐部，有人在小联盟队，有人在长曲棍球俱乐部，有人在表演俱乐部。所以，我想知道我们可不可以在教室里成立一个阅读俱乐部？"

我们对孩子说："你们需要决定如何运营你们的俱乐部。你们图书俱乐部的名字是什么？你们在哪里见面？你们会读同一本书的不同版本吗？还是读不同却相关的书？你们一周见两次还是三次？你们俱乐部见面会做些什么？"这时，可以想象教室里的场面会多么令人激动。

孩子通过便笺纸告诉我们他们认为能一起好好合作的人是谁。我们说："你想和喜欢同一类书的同学一起阅读，想和读过类似的书并和你读书的速度合拍的同学一起读。"因为俱乐部成员的确常常读一样的书并以同样的速度一起读完，他们需要在阅读水平上大概一致。我们说："你们也要考虑成效，成立的小组需要有效地在一起学习。"孩子快速地给我们写他们的想法，有时候我们会建议，请他们考虑那些安静且认真倾听的孩子，因为我们说过好的俱乐部讨论的秘密是多听和多说并重。一些老师给孩子几天时间针对选书、阅读速度、题材偏好等采访同伴。一些老师在孩子组建俱乐部之前会进行几周时间的讨论，在这期间，注重混合和匹配读者，这样孩子会更为开放地接受自己俱乐部的可能构成。我个人有很多令人痛苦的记忆，是关于等着别人选我去他们足球队的。如果我重返教室，我会希望这一阶段在瞬间结束。不管怎样，我们的孩子没有俱乐部构成的最终决定权。伴随我们对班级孩子和人的理解，我们最终考虑孩子的请求，给出俱乐部的名单。我们经常有跟进式的对话："你怎么没请求和德瓦尔、卡瓦纳一起阅读呢？"我们会告诉孩子："我希望你在一个让你觉得自己阅读很强的俱乐部里。你们想读罗伯特·金梅尔·史密斯（Robert Kimmel Smith）的《祖父大战》（*The War with Grandpa*）之类的书，并且要在一周内读完。你考虑过和尼罗、莎拉一起阅读吗？"我们的目标是让孩子感觉这个俱乐部是自己选择的，尽管它当然没有那样简单。

在最后，我们一般会努力组成四人一组的俱乐部（尽管带着大班的老师可能觉得管理六人一组的六个小组比四人一组的九个小组更容易）。如果小组人数是偶数，那孩子们可以交替着进行同伴讨论和开展小组之间的讨论。这对阅读有困难的孩子来说尤为重要，他们阅读时经常需要从原文中寻求答案。如果俱乐部散架，那么潜在的原因往往是读者之间差别过大，在选书时会出现冲突。如果这变成一个大且长期存在的问题，有时候把大的图书俱乐部变成两个小的会更好，即便结果是一个图书俱乐部只有两个成员。

但是，图书俱乐部通常是持久的。孩子们知道，基于我们对俱乐部工作机制的评估，他们会待在一起六周或者十二周。俱乐部通常在二月份建成，我们的预期是它们可以持续到该学年结束。

　　我们组建俱乐部后，会努力帮助孩子完成第一个"循环"。去年一月份，凯瑟琳·博默的四、五年级学生组成了一个短期的"诗歌俱乐部"，而他们所不知道的是这正是图书俱乐部的前身。凯瑟琳的孩子们找到和自己阅读情况一样的朋友，写信给凯瑟琳提出自己的选择，希望自己的小组会持续一个月。不久，他们就快乐地沉浸在诗歌俱乐部学习中。这些俱乐部学习贯穿了整个一月份，并在写作工作坊中支持了诗歌题材的研究。与此同时，有关俱乐部的结构孩子们了解了很多。每个俱乐部都有会所（他们把桌子或一块儿地面作为他们见面的地方）和章程（在此他们发誓要做家庭作业、彼此使用礼貌用语、每个人都有发言的权利）。每个俱乐部都有档案袋，包含谁参加了、谁完成或没有完成家庭作业的记录，还有谈话和任务的简单记录以及他们已经研究的诗歌的复印件。在这一个月中，凯瑟琳观察了这些短期俱乐部并改进了成员之间的关系。"看着你们在俱乐部正在做的这些美妙的工作，我有了一个想法——现在我们的诗歌庆祝结束了，要是不解散这些俱乐部，我们能让它们变得比以往更为重要吗？"

　　在布朗克斯（Bronx）所教的五年级的教室里，马克·哈迪（Mark Hardy）担心：一旦孩子加入社交氛围更浓的俱乐部，他在阅读工作坊精心营造的有板有眼、富有成效的和专注任务的风气将毁于一旦。他说："我不想失去我们已经实现的富有成效的交流的声音。"所以他决定错开介绍学生进入俱乐部的时间。在独立阅读期间，马克建议两对伙伴变成四人一组一起学习。当其他的孩子继续做他们的独立阅读和同伴讨论的时候，他给这一个俱乐部提供很多的支持和指导。接着，他将另外两对伙伴聚到一起，建议这四个孩子和他一起去观摩第一个俱乐部。在观察了一天之后，他问："你们想试试吗?"然后他给这个新的俱乐部提供更多的支持和指导。在帮助半个班级很好地开展他们的俱乐部工作之后，马克聚集整个班级，正式宣布开始这一新的组织安排。

在其他许多教室里，所有的俱乐部一同运转，但一段时间内它们都聚焦于朗读。这样就避免了在阅读俱乐部孩子们忘记阅读的问题。沙伦·希尔在给她四年级的学生朗读的时候，帮着学生快速做笔记并讨论文本。接着，读完这本书的一半之后，她把几对伙伴放在一起，组成朗读俱乐部。在每天朗读之后，各个俱乐部选择一个在前半段的朗读部分出现的问题，然后分散到教室的各个角落，用十分钟时间讨论该问题。肖顿（Shaton）做了几周这样的工作后，才建议俱乐部成员真正一起选择并阅读文本。

安排图书俱乐部的工作

在独立阅读工作坊，大多数俱乐部每周进行两次二十至三十分钟的谈话。一些俱乐部也会在其他的时段进行简短交谈，可能只是和伙伴见面交谈。如果俱乐部见面交谈过于频繁，那他们不会有时间围绕他们的想法聚集力量并体验"充电"的感觉。如果见面交谈过于频繁，孩子也会突然发现，他们在学校没有时间进行阅读，结果可能意味着他们无法投入阅读，他们在家也不会读得很多。有俱乐部活动的时候，我们需要帮助孩子在一天中挤时间进行独立阅读，哪怕只是在午饭前，我们提供十分钟的时间进行阅读。当一些孩子早早完成他们的数学任务时，我们可以鼓励他们去阅读。教孩子在繁忙的一天里取出书本、抽出时间阅读是非常重要的一课，这样会降低图书俱乐部吞噬所有阅读机会的可能。

在大部分教室里,俱乐部成员结合整个班级的期望要求给自己分派家庭作业。他们通常每晚读选择的书至少半个小时,而且知道他们应该在两周内读完这本书。因为俱乐部的一些成员比其他人阅读得更频繁,速度也更快,所以我们嘱咐这些孩子不要阅读超过规定的页码(如果读了,那就假装没有),并做更多的独立阅读,除了俱乐部要求读的还可以读其他的书。

在读完一本书之后,他们的相关讨论会持续至少一个星期。对于更为熟练的读者,有时候他们所有的讨论都是针对或朝着书的结尾去的。好处是这会让孩子把书看成一个整体,将部分和整体相关联。

孩子在图书俱乐部学习,我们的期望是他们在准备讨论时不仅要读,而且还要写。老师经常围绕阅读列出写作的期望,俱乐部成员一起为这个写作任务定好主题或观点。在很多教室里,孩子们被要求每晚都速写一定数量的便笺纸笔记或者图表条目;每周写一至两个长的条目,每个条目至少一页纸。他们知道,老师的期望是阅读时围绕一个想法做深入思考和写作,一周一到两次。在其他的教室里,俱乐部成员们知道,比如说,每周二老师会期望他们写一页纸,深度阐述一个想法。

在每次俱乐部讨论之后,成员们确定当天晚上每人思考和写作的主题,而且他们的主题从来不是写写下一章那么简单。可能成员们会同意,他们会通过写作形成讨论的主题,但更常见的是,他们有了一次交流,给自己分配任务来拓展或加深那次讨论。举例来说,如果有一天一个小组利用图书俱乐部的时间讨论《世界冠军丹尼》(*Danny, the Champion of the World*)与罗尔德·达尔(Roald Dahl)其他作品的不同，那他们给自己布置的家庭作业可能是读后面的四章，并用便笺纸标记出那些不符合达尔常见风格的地方。如果一个小组结束俱乐部活动时是在辩论谁的生活更糟糕，是没有妈妈的朱妮，还是在回忆录《积少成多》里描述自己如何失明的琼·利特尔，孩子们可能会分配给自己这样的工作，即收集证据在辩论中捍卫自己的立场。在多里的小组里，对话演变成比较《伟大的吉利·霍普金斯》和《心灵旅程》这两部作品。多里基于这次讨论，写下如下条目：

吉利和朱妮的关联

这真的不是一件值得注意的大事，但我认为这两个人的名字都不寻常。她们两人的妈妈都活着，但都没有和她们生活在一起。她们的生活变化很大。特别是对吉利来说，她在不到三年的时间里搬过三次家。我觉得，作为一个被收养的孩子，吉利非常粗鲁（像来我们家做客的客人一样）。而朱妮有时对她的家人也很粗鲁，比如当她的妈妈给她寄钱却没有留下回信地址时，朱妮开始哭了。爷爷拍了她哭泣的照片，然后朱妮对爷爷大喊大叫。我不觉得那是一件值得大喊大叫的大事。在她的妈妈离开之后，朱妮看起来并没有像吉利那么勇敢。吉利很坚强，按照她的方式做事。她试着给妈妈可能在的某个地方打电话，告诉妈妈自己的生活现状；但是朱妮则试着存钱去找她的妈妈（如果妈妈告诉她她在哪儿）。所以，很显然，她们都想和父母在一起，她们都想让妈妈做其他妈妈给孩子做的事。

在图书俱乐部建立之后，老师们可以继续用迷你课和分享时段来设计阅读时间。在俱乐部早期的设计里，迷你课和分享时段倾向于帮助孩子思考围绕书而一起做的事情。迷你课之后，可能是两个俱乐部讨论，而其他人安静阅读。可能每个俱乐部在周二和周五讨论，而在一周的其他时间，孩子们会在迷你课之后独立阅读。也就是说，一些老师选择每个俱乐部在同一时间讨论，而别的老师则错开俱乐部的讨论时间，即一些孩子安静阅读而其他人则聚在一起进行俱乐部活动。让每个俱乐部同时讨论的优势是，当整个教室在讨论的时候没有人在埋头阅读。错开俱乐部讨论时间的好处是，如果只有两三个俱乐部在指定的时间里讨论，那么老师能更多地参与，并在提升谈话的水平上扮演更具影响力的角色。

指导选书

尽管有时候老师发现指导或者规范选书是有帮助的，但通常是俱乐部的成员们自己决定他们要读什么。四年级的老师凯伦·卡普斯纳克（Karen Kapusnak）决定，她会帮助建立和运转俱乐部，她也会为俱乐部选书。这个一年教龄的老师凯伦想以这样的方式支持自己的教学和孩子们的学习。她知道，如果她给俱乐部选特定的书，她会确保自己非常熟悉他们在读的作品，因此能更有效地指导他们的学习。最终，凯伦想让俱乐部成员们拥有主体意识，能够基于他们围绕上一本书进行的学习来选择下一本阅读的书，尽管事先无法预测下一本书会是什么。但在一段时间内，她控制选择书的决定是合理的。

老师对书的选择进行引导还有其他的原因。比如说，如果我们正计划要在写作工作坊中启动回忆录体裁的研究，那可能在几个星期前我们就让孩子们从回忆录或类似体裁的书架上选书。作为另一种选择，我们可能会复印多个短的回忆录片段，并让俱乐部用一个星期的时间阅读并讨论这些短的文本。近期参观凯瑟琳·博默所教的五年级的教室，我发现她的孩子们在读自由战士的传记。凯瑟琳在她的主题研究板块强调这一主题，但同一本书没有很多册，所以孩子们读他们手头有的任何一本，彼此换着读。尽管俱乐部的成员在读不同的书，但因为他们每个人都在研究不同的自由战士的生活，他们仍有共同的话题可以谈论。

我看到过老师们用如下的方法来引导选书：

◎ 在你们俱乐部，请选择一个图画书作者（或诗人、评论家、记者），阅读并讨论同一作者创作的几个作品。

◎ 在你们俱乐部，请从这些移民类的书中选择一本阅读。

◎ 在你们俱乐部，请重新阅读并讨论今年集体朗读过的一本书。

◎ 在你们俱乐部，请选择一本所有成员都容易读的小书。我们所有的人都努力流利地并抑扬顿挫地朗读我们所选择的书，仔细研究并发现更多可以讨论和思考的内容。

◎ 在你们俱乐部，请选择一篇对你们成员都具有挑战性的文章、论文或短故事。思考：在阅读那些有难度的文本的时候，我们会如何改变我们的阅读策略？

◎ 在你们俱乐部，请就这些体裁选择一本书来阅读：推理小说、回忆录、传记、纪实类作品、历史小说等。

◎ 在你们俱乐部，请读可以教你如何做事的宣传单、说明书、比赛规则手册或指南，作为俱乐部的作业请一起做该活动。

我们努力尽可能少地主导俱乐部的讨论，因为我们知道，如果俱乐部和树屋有着同样的吸引力和力量，那孩子们会更投入。通常，我们鼓励俱乐部成员发问："我们聚在一起，怎么做一个真正对我们读者有用的图书俱乐部呢？"我们请他们思考："在我的生活中，阅读在什么时候有用？我们如何能确保俱乐部现在也起作用？作为读者，我的目标是什么？当和一些阅读的朋友们聚在一起时，怎么帮助我实现我的目标？"

确定学生什么时候准备好加入图书俱乐部

十年前，在凯茜·多伊尔和我第一次探索图书俱乐部这个想法的时候，我们是在九月份（而不是现在的二月份）启动图书俱乐部的。在那头一年，孩子们从差别很大的阅读教室来到凯茜这儿，她想直接为他们打开一个新的世界。她想立即赋予他们所有权、选择权、自己确立目的，让他们建立阅读关系。在九月底的某一天，凯茜宣布说："这是你们的俱乐部，你们必须决定你们作为读者想要一起做的事情。"

她所教的五年级孩子的行为让我们吃惊！他们在地上坐成一个圈儿，每人轮流坐在小组的椅子上，给其他孩子朗读。孩子们坐在地上，同时用他们的手指或者书签跟着读他们手中的书。无论什么时候一个孩子被一个复杂的单词绊住，就会有一个同学高声正确地读出来。在我最紧密关注的俱乐部里，在每页结束时，在换读者之前，即使正好读到某一段落的中间，孩子们也会停下来。他们会回顾这一页，指认出所有的新单词。接着，他们会把这些词和其定义写下来！

凯茜和我沮丧地观察着这些小组。我们问自己："为什么这些孩子没有做读者自然要做的事情？为什么他们没有像我们在图书俱乐部一样进行现场交流？"即便我们问自己这个问题，我们知道这些学生只是简单地给我们展示这些年我们所教的。对于他们来说，阅读显然是一个表演。阅读是读对单词。他们经历的有关书的"讨论"是循环式的问答环节，他们被叫起时，会说出一个字来完成填空。

凯茜和我把孩子们聚集在一起，告诉他们：他们作为读者聚在一起所做的事让我们吃惊。我们说："这和我们在成人图书俱乐部里所做的很不一样。"我们问孩子们是否愿意去观察我们的下一个成人阅读小组活动，就像凯茜和我观察他们的一样。几天之后，当我们八个人带着书见面的时候，二十五个年轻的"人类学家"和我们一起挤在办公室里。

后来这些孩子们说："你们所有时间都在讨论！"他们为我们整整花了一个小时讨论书的一部分内容而感到惊讶。他们不能忘记这样的事实，即我们没有一起朗读，而是讨论已读的内容。他们说："看起来你们已经为小组完成了家庭作业。每个人在纸上都写了关于这本书的笔记。你们保持着一定的节奏，讨论，翻看书，再讨论。"

此后，凯茜教室里的图书俱乐部发生了翻天覆地的变化。我们从来不在没有准备的情况下开始图书俱乐部。现在，在我们建议孩子"想象作为读者我们可以一起做的美妙的事"之前，我们已经花了几个月的时间一起进行有关书的讨论。通常，我们的孩子已经学会了做这些事：

◎ 选择"正好合适"的书，流畅地、合乎逻辑地复述它们。如果它们是故事，他们会留意情节、背景、人物、语气、主题、时间的转移和变化。

◎ 在阅读的时候，他们会形成讨论的内容。

◎ 讨论的话题已经从"列举某人的问题"到聚焦一个共有的问题,可以用几天的时间拓展一个主题。这就要求孩子对别人所说做出回应,探索(而不是敷衍地回答)彼此的问题时保持开放的心态,用一系列的方式来拓展他人所说的内容。

◎ 贴近文本。这意味着,孩子们选择讨论的主题是文本的中心,他们有提供并询问具体文本参考的习惯,他们讨论的时候会保持书是打开的状态,他们为了保证讨论的质量,会说:"我们应该重返书本。"

◎ 做阅读家庭作业(阅读计划读的章节并快速记下想法)。

◎ 用便笺纸或者其他笔记形式准备、思考并扩展一个讨论。

◎ 反思一个讨论,识别问题并产生其他可能的处理方法。孩子们也习惯于尝试提出解决方案,并问自己:"所以,这有用吗?"

图书俱乐部和阅读中心

在我们引进图书俱乐部之前,我们首先权衡的是:向高年级模式(图书俱乐部)过渡还是我们在低年级模式(阅读中心)方面更有成功的体验? 这两种模式是同一主题的变异。两者都帮助读者对某本书形成并捍卫自己的想法。两者都帮助读者对整本书和相关的书进行思考、讨论和写作。两者都帮助孩子围绕文本发起、计划并追求自认为重要的项目。这两种方式都支持文学技能的发展,比如阐释、综合和评论。

一些五年级的老师遵循的是阅读中心的模式,而不是图书俱乐部的模式。一些二年级的老师则转向图书俱乐部模式而不是阅读中心模式。但是,通常来说,我们看到阅读中心是大班至三年级的组织形式,而俱乐部则更适合三到八年级的学生。以下是我们看到的两者的不同：

阅读中心	图书俱乐部
小组倾向于在一起一至二周，然后孩子们会被重新分配到新的中心。	小组倾向于在一起二至三个月。
小组通常大概每周见面四次，每次三十分钟。	小组通常每周见面两次，一次三十至四十五分钟，可能还会有第三次见面的时间，以了解阅读进展情况。
小组通常有四个成员，有时是两人。	小组通常有四个成员，有时是六人。
孩子们通常在阅读中心见面时进行阅读和写作（或做图表，如果有的话）。	孩子们在家里阅读和写作，通常使用图书俱乐部的时间进行交谈。当讨论遇到新的障碍时，孩子们可能用五分钟的时间重新进行阅读或做速写笔记，为讨论做准备。
伙伴一起读书或书的某些章节，所以他们之间的交谈有一半是倾向于持续性的评论的。	因为读者们的谈话次数比较少，所以他们倾向于谈论文本大块的内容。
孩子们通常读短的、可以一天读完的书。因为共同的作者、体裁、主题或写作技巧(如使用会话框)，这些书被放在一起。	孩子们通常读章节类的书，并用六次图书俱乐部见面的时间讨论同一本书。

如果绝大多数孩子仍处在阅读章节类书的早期阶段，比如格特鲁德·钱德勒·沃纳（Getrude Chandler Warner）的《棚车少年》（*The Box Car Children*）、玛丽·波普·奥斯本（Mary Pope Osborne）的《神奇树屋》（*The Magic Treehouse*）、路易斯·萨查尔（Louis Sachar）的《歪歪学校合集》（*The Wayside School Collection*）、鲁思·斯泰尔斯·甘尼特（Ruth Stiles Gannett）的《我爸爸的小飞龙》（*My Father's Dragon*）、詹姆斯·豪（James How）的《小拇指和雷克斯书》（*The Pinky and Rexbooks*），有些老师会质疑这些书的内容

是否足够丰富以便支持更广泛的交流。我们认为这些书的内容还是很丰富的，建议孩子们在独立阅读工作坊时段阅读这些章节书，每天和伙伴讨论五分钟，克服理解这些书的基本障碍，保持阅读的劲头。这些孩子同时也可以参与诗歌或者图画书阅读中心。这样我们就能建立一个阅读课程，用它来同时支持泛读和精读的需要，对一些文本进行深度的思考和讨论。

图书俱乐部一瞥

十岁的布赖恩拿着琼·利特尔的回忆录《积少成多》，他透过很大的眼镜看着俱乐部里的其他两个男孩，做了个深呼吸，说："《积少成多》第二章的最后一部分让我想起了《疯狂麦基》，因为很多人受伤了。看，在《疯狂麦基》里面，他们这样描述格雷森斯的死：'这个老人死了。'"不太确定他的同伴能否跟上他的思路，于是布赖恩做了更多的解释。"我读了那句话五遍，大脑才真正接受他已经死了的事实。读完那句，我做了很多思考。那句话真的真的很有力，很像一个章节的结语。"布赖恩暂停下来，所有人都很安静。他接着补充说："如果我的回忆录里能有那么强有力的结尾，会非常好。它能让读者停下来思考。"

米琼，这个小组的另一成员，透过他蓬乱的刘海，看着自己手中的《积少成多》，说："我并没有真正理解你的那种感觉。我确实从《疯狂麦基》中感受到这一点，但没有从《积少成多》中感觉到。"

这是个合理的评论，因为布赖恩以比较《积少成多》和《疯狂麦基》开始自己的表达，但仅仅参照了《疯狂麦基》的内容。现在讨论的是《积少成多》，布赖恩做了详细说明："很多人都受伤了。这个老奶奶还不会死，但所有的都同时发生了。琼·利特尔的生活过得也不错，直到她丢了鞋，她的爸爸快回来了。"

萨姆之前一直安静地听着，现在却打断他说："不，她的爸爸在家。"

这两个男孩反反复复地讨论琼·利特尔的爸爸是否和她在一起。接下来的几分钟里，他们翻看整本书去寻找证据，但很难找到。米琼最后介入说："好吧，这并不重要。"米琼转而去问布赖恩："琼·利特尔发生的这一意外事件，还有接下来所有的事，你的感觉怎样？"

布赖恩回答说："有两个章节描述她生活中发生的好事。她去露营，有了朋友，所有的好事都在出现。接着，突然间出现了一个意外，坏的事情接二连三发生了。我们可以把这本书的脉络理出来：先是好事，接着是坏事。"

萨姆加入讨论："在她的整个生命里，她经历了好事，也有坏事。开始时，她的眼睛不好——坏事，然后她是开心的——好事，接着她去上学了……哪个学校来着？"

米琼接着问："中文学校？"

"不，是'视力保护'学校。她喜欢这所学校，对吗？"萨姆说。

布赖恩补充说："是的，他们在黑板上写的字很大。"

此时，萨姆早已拿着笔，开始画波浪线体现琼·利特尔生活里的大起大落。他抬起头说："然后他们让她去了别的学校，她失去了朋友。"

布赖恩说："然后……好的变成坏的，一直持续着。"萨姆点头，同时继续在画图。

　　男孩子们安静了一会儿。接着，米琼改变了讨论的方向，说："你们在说的是从好事到坏事，越来越糟糕，但我好奇的不仅仅是她的生活从好到坏，越来越坏，而是对她这个人来说发生了什么？"

　　萨姆问道："她的性格特征？"

　　米琼说："像她说的，'我不在乎，我不需要朋友'。然后她又说：'现在我想要朋友。'她很苛刻。"

　　萨姆不同意地说："不对。"

　　米琼坚持说："记得和树在一起的那段，在第 37 页上，她说：'我的眼睛不坏！'"

　　男孩子们讨论了一会儿琼的倔强和固执。接着，他们开始讨论她的敏感。米琼说："刚开始的时候她是敏感的，现在她在学习怎么写作……"

　　布赖恩插话说："对敏感的理解可能是多种的。敏感……她不仅仅是敏感，比如她哭得频繁。她还有另一种敏感，比如她喜爱橘子瓣的美，她是怎么注意事情的。"很快，男孩子们已经开始使用图表表现琼·利特尔的双重敏感，"脸皮薄"的敏感和作家特有的敏感。

　　一周以后，我重返该教室，倾听同一图书俱乐部的讨论，但是是针对另一个回忆录的——贝斯特·拜厄斯（Best Byars）的《月亮和我》（The Moon and I）。俱乐部的讨论刚刚开始。萨姆问道："上次没有太多的时间留给我们讨论《月亮和我》，今天你们想做什么呢？或许我们应该读读我们所写的。"

　　布赖恩说："耶！我写了'她使用了很多与声音相关的美丽语言'。"他打开了他有关《月亮和我》的一则阅读记录。

　　萨姆同意地说："当他们发出'沙沙'的怪异的声音的时候，它停留在我的脑海中，整本书都让我有这样的感觉。当我读这本书的时候，'沙沙'的声音就在我的头脑中。她用了几次之后，你会认为她还会这样做的。"

布赖恩说："她发出几种声音。"他开始翻看这本书，读出其他相关的地方。

"有很多的声音。她提到她的老公，找他获取信息。在图书馆，问他比去找参考书容易些，所以我认为他们的关系相当不错。"

一直安静聆听的丹尼尔铺开他的卡片，说："我认为《狗颂》（Dog-song）和《月亮和我》是相似的，因为贝斯特·拜厄斯真正爱上蛇了，而加里·保尔森真的是爱上狗了。"

米琼没有被说服，他争辩说："不是那么爱。"

丹尼尔继续说："刚开始他们不是，他（保尔森）打中了狗的鼻子，而她（拜厄斯）捡起一条蛇，把它缠在了自己的胳膊上。"

萨姆介入，表达了一个完全不同的评论。他说："在阅读这一回忆录并写评论的时候，我认为她（拜厄斯）在书里的对话表达了很多的内容。多伊尔老师说，你可以在故事的开始使用对话，可以使用'妈妈，我回来了！'这样的话来开始一本书。这本书就是这样的。这样的书很有趣。她总是把书写成这样。"

布赖恩说："而且她在故事里使用列表。她有很多东西让你想读它。"

米琼接着加入这一谈话："我也试着在我的写作里呈现又好又多的内容。如果太多的人那样做，那我就不会选择那样做。我们图书俱乐部也是这样的。多伊尔老师说，我们不可能永远附和彼此的想法。好的是，我们有很多的想法和很多原创性的观点，但附和别人也有不好的时候。"

丹尼尔说："好吧。让我们用一点点的时间写写他们怎么相同的吧。"丹尼尔紧抓这个别人一直忽视的想法，认为比较这两个作者会帮助他们。

"谁?"其他男孩子问到，显然已经忘记了。

丹尼尔说："拜厄斯和保尔森。"仿佛那是显而易见的事。这次他们听从丹尼尔的引领。所有的男孩子用了几分钟的时间写下笔记。

不一会儿，萨姆打破了沉默，说："你们记下了什么?"

"罗素是怎样看待动物的。"

"狗?"

"而且他们两个都想和动物保持亲密的关系。拜厄斯希望和穆恩亲近些，也就是那条蛇，而罗素希望和狗亲近些。"

"然后狗叫了起来，罗素很紧张，不敢靠近。"

"但那之后他走近了些。"

萨姆拿起一张纸，给这两本书画了图表，描述走近动物的步骤，说："也就是说，他们是逐步走近动物的。"这是我在同一天的讨论中看到他第二次使用图表。

我决定对这个俱乐部什么都不说，非常自信这个俱乐部已经走上正轨了。我笑着去往下一个俱乐部。

我们很容易倾听一个有效的图书俱乐部讨论，并绝望地举起手表达："我的学生们永远都不会那样说话。"其实，这些男孩在进入凯茜·多伊尔五年级教室之前也不能这样讨论。丹尼尔、布赖恩、萨姆和米琼这样的孩子是如何学会很好地讨论图书的，这并没有什么大秘密。他们像学习足球和写作一样学习阅读，即通过经验和教学。

提高孩子在俱乐部的学习水平

让孩子们在俱乐部的早期模式中连续几天面对面地讨论短篇的、共享的故事，是我们能够帮助他们为成功的图书俱乐部做好准备、取得进步的有效方法之一。在我们的很多教室里，在俱乐部开始前的一个月，孩子们通过小组见面讨论一些他们在班里读过的短故事或者诗歌。这个月是一学年尤为重要的部分。

可能从十一或者十二月份开始，我们经常会让整个班级讨论短篇的、共享的故事，而不是朗读图书。我们努力选择那些班里每人都能读的故事，给孩子们一点儿时间阅读它们并做标记。我们经常发起全班性的讨论。在找到焦点问题之后，为了针对出现的焦点问题做更多的记录，我们会请每个孩子重新阅读文本。随后，孩子们重读文本并在文本中做标记，为讨论书做准备。我们经常建议，在全班继续讨论前，他们先小组讨论十或十五分钟。

使用短篇故事有很多优势。每个人在讨论开始之前花点时间读诗歌、散文、图画书或者短篇故事，在文本中做好标记，这样的话，就不存在有人忘记阅读、没做必要的记录或者已经忘记所读所思的风险。讨论短篇故事通常也比讨论长篇故事容易。有时候，整个小说让我们不知所措，很难知道从哪儿开始或者如何挑出单个的讨论线索。相对于长篇故事，回头查阅短篇故事的具体内容也更容易。

如果想教孩子运用某个特定的方法讨论图书，我们发现，使用短篇的、共享的文本会让我们有一个好的讨论。比如说，我们可能希望孩子：

◎ 使用故事要素复述文本。小组里的其他人能对复述进行补充。如果不同意某个故事要素（如背景），孩子们能重返文本求证。

◎ 每个孩子花几分钟的时间分享自己阅读时所留意到的内容，然后聚焦问题供全班讨论。

◎ 练习某一特定的好的阅读策略。举例子来说，我们可能首先会安排迷你课，引导两个故事的比较。而后在小组里，我们能请孩子阅读、标记和讨论同一主题的两篇文章或同一作者的两首诗歌。

在我们最终向孩子引进图书俱乐部的时候，我们会针对第一本书给予更多实际性的指导。比如说，俱乐部在一起读第一本书，我们可能要求他们以如下方式进行：

◎ 花时间一起翻阅这本书，然后在学校读半个小时，记录你已读部分的页码。确定晚上的家庭作业，包括阅读量和便笺纸记录。在家阅读的页数和小组多数成员在教室那半小时内完成的阅读量差不多。

◎ 在俱乐部见面讨论之前，花点时间翻看你的便笺纸。每人选择两三张相关的、看似意义重大的或者有趣的便笺纸。讨论以使用故事要素（情节、背景、角色等）复述故事开始。一个人列出他或她的便笺纸内容，小组尽可能久地讨论桌面上的一个观点，如有可能请整合自己便笺纸上相关的想法。接着另一个人呈现自己的便笺纸和想法。这种形式会在接下来的几次见面中继续出现。

◎ 到了接近书的中间部分时，你们应花时间回头温习这本书，复习便笺纸和讨论记录，并发问："这本书里的哪些重大问题、核心奥秘、研究主线或者主要预测可供我们探索一段时间的?"下次见面时分享，并选定焦点问题。

◎ 每人都要遵循已达成共识的研究主线来做家庭作业。你可以继续收集便笺纸笔记，但它们大多是（不是全部）标出研究问题的相关内容。你也可以写长篇的阅读记录，来拓展你对于这个问题的思考。

◎ 在俱乐部见面时，标记和讨论与研究主线相关的证据，目的是形成新的想法，而这意味着研究主线会随着图书和讨论方向的改变而变化。

◎ 借助家庭作业，持续探究小组感兴趣的研究主线。追求另一主题，或修正上一个思考，来保持它的趣味性，继续产生新的见解。

◎ 当你读完这本书，选择一种方式在书的末尾琢磨（见《如何培养良好的阅读品质?》）。用这种方法讨论了一两天之后，选择另一种方法继续。

围绕短篇的、共享的故事进行密集的分析训练之后，我们还会继续帮助孩子掌握促进图书俱乐部繁荣发展的必要技能。一旦图书俱乐部建立并运转起来，我们将持续通过迷你课、面谈和分享来支持孩子的学习。

迷你课：孩子在俱乐部如何好好学习

上周，埃丽卡·利夫通过一段话开始了一节迷你课。她说："我们研究了在图书俱乐部的交谈中使用复述的多种方法。昨天我注意到，你们中有人弄清楚了一件令人惊讶的事。"埃丽卡等所有的目光都集中到她身上时，继续说："几个俱乐部发现了这一点。'常青树'俱乐部这么做了，'气流'俱乐部这么做了，其他一些俱乐部也这么做了。在这些俱乐部发生的事是这样的，在他们对话的某个时刻，一个人复述了书中的一部分内容，可是别人并不同意这种复述的方式。他们当时在想：'你读了什么书？'你可以这样开始（埃丽卡把头埋进书里，开始翻阅），你说，'它开始于……在……第 36 页！'然后有人去重读！你质疑了别人的复述，而且你最后重读确认。"这是你在图书俱乐部能做的最酷的事情了！埃丽卡总结她的观点，说："这就是这周我看到的你们有人在做的，这太棒了。你们都能那样做，你们能复述。当有了争议或者困惑，有人能说：'让我们看看它怎么说的。'很快你们会重读。"

在埃丽卡所有的迷你课上，她都把学生有关书的讨论要点摘抄（transcript）下来，显示在投影上。她说："和你的伙伴想想，这次讨论的哪一点可能需要你打开文本重新阅读。"很快，整个教室沸腾起来。两分钟以后，孩子们分享了一些他们认为小组成员可以开始重读的地方。

"今天，在你们的俱乐部，我希望你们能确保返回去一起朗读文本的某个部分，至少一次，两次为佳。我们一会儿讨论重读是否有帮助以及如何帮助我们的。"此时此刻，埃丽卡所教的五年级学生都前往他们的俱乐部会所。

把摘抄一段有关书的讨论作为迷你课的一部分，几乎总是有用的。比如说，琼·利特尔的起起落落，孩子们可以重读早期的摘抄，并探索一系列的问题：

◎ 有些什么方法可以开始书的讨论？

◎ 俱乐部成员彼此间问什么样的问题？

◎ 孩子们是怎么解决他们讨论书时遇到的困难的？

◎ 从图书俱乐部摘抄中，我们看到什么可预测的内容？（列出许多想法、界定并确定研究主题、开始图表的制作、提出其他的想法并决定是否跟踪探究等）

◎ 孩子们什么时候参照文本？什么时候他们应该更多地参照文本？孩子们当时说了或做了什么？

◎ 在摘抄中什么时候图表是有助于书的讨论的？孩子们本可以如何更多地利用图表？

◎ 每个成员扮演的角色是什么？

我并不建议我们每天都使用摘抄来表达很多的观点；我的建议是，一个班需要花费几天的时间讨论。例如，在我们阅读和讨论书的时候，审视我们的理解就很重要。"让我们重返昨天的讨论。有关讨论的内容，我已经做了摘抄。我会把它们读出来，每个人认真听。如果你对我所说的感到困惑，就说'等下，我很困惑'。"

也许一周以后，我们在一起研究不同的主题。我们可能会向学生强调，为了总结而暂停一个讨论是有好处的，那样我们会清楚自己所在的位置。我们可能会把相同的摘抄拿出来，这次用它我们会说："什么时候我们本可以停下来总结的？我们本可以说些什么的？"在其他的时候，我们可以翻阅几个类似的摘抄，研究一下：孩子们想开始一个好的讨论，做什么是有效或无效的？或者用它们研究：当我们的讨论陷入困境时，我们能够做些什么？凯瑟琳·托兰把自己多次使用的读书会摘抄称为"标准摘抄"。

在图书俱乐部的迷你课上，老师经常安排某一俱乐部与全班学生见面。当然，这种"鱼缸式"（fishbowling）讨论只会开展一小会儿，然后我们就暂停读书会，讨论讨论学生所留意的内容。如果我们没有精力摘抄一个读书会对话的内容，那么请全班学生聚在一起听一个俱乐部的讨论是一个反思现场摘抄的方法。有时候，做展示的俱乐部会重现一个我们之前见过的对话。有时候，俱乐部一味地讨论书，而我们在不知道什么问题会出现的情况下观看。即便我们建议的是"重现"，还是很难准确预测这个俱乐部在"鱼缸式"讨论中会做什么。我们的计划可能是展示，只是基于书的封面和第一页，一个俱乐部就可以形成非常多而且很棒的讨论。然而，现在在全班的聚焦下，这个俱乐部的成员们可能会僵住。老师们不必为此感到担心，因为不管讨论进行得好还是不好，这个"鱼缸式"结构都会产生同样的效应。

比如，如果我们发现，对于 C. S. 刘易斯（C. S. Lewis）的《纳尼亚传奇：黎明踏浪号》（*The Voyage of the Dawn Treader*）一书，俱乐部谈论封面是多么漂亮，然而，他们只是做了模糊的概括，我们可以用如下任何一个评论进行干预：

◎"我想知道，这个俱乐部的成员是否要仔细地研究封面插图的每一个部分，并对他们看到的进行更为具体的讨论。让我们看看……"

◎"我能请俱乐部暂停一会儿吗？好吧，同学们，现在你们看到的这个俱乐部正在做的，发生在我们所有人身上。这些人在笼统地谈论这本书，但是我认为，如果聚焦非常明确的内容，他们的讨论会更好。你们所有的人都能转向你旁边的人吗？表现得好像是你在参与讨论，看着封面，讨论一个你看到的具体的事情。"

◎"你们会介意我加入你们的俱乐部吗？达内尔，我在思考你刚才说的，它让我研究封面。你知道我注意到什么了吗？"

◎"所以，同学们，让我们复述一下到目前为止这个俱乐部成员讨论这本书的时候说过的话。谁记得这个讨论是如何开始的？对，达内尔是第一个说话的，他说……"

◎"好吧，让我们回看这次讨论。让我们回到乔斯林说的'我认为他们航行到云朵上很酷'上。这次让我们细品乔斯林的评论，认真听她说。你们愿意回顾吗？好吧，乔斯林，重复你所说的话。同学们，这次你们试着拓展她所说的内容。"

最近我观察了凯瑟琳·博默给她所教的五年级的学生上的一节迷你课。孩子们认真地看着凯瑟琳，而她则充满激情地说："不管你们俱乐部的目标是什么，你们都必须实现它。"说完，凯瑟琳陷入沉默，为这一刻增添戏剧色彩。在我最为熟悉的许多教室，老师们都会创造这样的时刻。他们希望学生真正听到并感受他们的话，所以他们会停顿，就像在纸上留白一样。在沉默中，一个小男孩抬起他的头，说："但是梦想并没有成真。"他那样说，感觉是在补充："就是那样的！"

凯瑟琳回答说："是的，但我们所说的理想是我们需要努力实现的目标。我们并不完美，那是肯定的。我们的目的也不是追求完美。我们的目的是形成一个好的俱乐部。伊莱莎、拉莫特、莎拉、罗恩，为了让你们有关俱乐部的梦想成真，你们自己将要做些什么？"她继续说："我将要帮助你们实现自己的梦想。我想要你们做的一件事是，每个俱乐部都变成'鱼缸'（fishbowl）俱乐部。今天，我们每个俱乐部里都会有一个研究员观察自己的俱乐部。我已经选好了今天在俱乐部里行使研究员职责的成员。之后，你们可以决定是让这个人继续做研究员还是轮流做，如果轮流的话，怎么安排？俱乐部的工作就是，做你力所能及的事，实现你们俱乐部的梦想。让我提醒你们，你们俱乐部里的成员昨晚都做了同样的家庭作业，标记出两处来讨论。你们必须马上商量使用哪种方式开始讨论。"

接着，凯瑟琳宣读了被指定的研究员的名字，请他们和大家见面，俱乐部的其他成员则跃跃欲试。她说："闪耀的天使，你们可以开始了。"

很快，六个研究员聚集在凯瑟琳周围。她给每人发放了一份她创建的评估标准表，给他们逐条解释，指出他们要在哪儿写上俱乐部阅读的书名，告诉他们"持续时间"的意思（看着钟表写下你开始研究的时间，再写下你停止研究的时间，计算你观察了多久，这就是持续的时间）。凯瑟琳解释说，研究者们将在表格的左侧写上俱乐部里所有成员的名字，然后她读了表格上方的各个标题。

俱乐部成员姓名	参照文本证据	回应他人所说的	彼此问的问题

"所以，比阿特丽斯，如果一个人说，简·约伦（Jane Yolen）的《魔鬼的算术》（*The Devil's Arithmetic*）是时空旅行，而另外一个人说，'刚开始我同意你的观点，但现在我认为她并不只是旅行，实际上她就在那儿生活'，你会检查什么？"他们找到对应的栏。罗恩不知道前面的评论已经举例说明了工作的规定（研究员只负责记录，不参加讨论），他继续时空旅行相关的交谈。等罗恩停下来，凯瑟琳说："罗恩，你很棒，但是，今天至少在一段时间里，你是一名研究员，

那意味着你是隐形的。你会很渴望分享你对这本书的想法，但是你不能，你是隐形的。"

指着《魔鬼的算术》封面上那个可怕的幽灵，比阿特丽斯说："我们就像她。"

凯瑟琳说："这是个重要的工作。"然后她指向我，说："看，这正是露西在做的。她可能很想说些什么，但是她只能写下所有的事情，这样她会获得信息。"

俱乐部的活动已经开始，研究员们匆匆离开奔赴他们的岗位。半个小时后，这个班重新聚集到地毯上，研究员们汇报了他们观察到的内容。那天晚上的作业是，根据图书俱乐部的目标和梦想，每个小组思考一下研究员收集的信息，拿出一个帮助俱乐部实现梦想的计划。研究员以报告卡的形式开始宣读他们表格里的名字，并评价那天每个人的贡献，但是凯瑟琳建议他们整体评论他们观察到的俱乐部讨论的情况。

一个孩子结束了汇报，凯瑟琳问："你注意到什么真正帮助了这次讨论？"

"他们在笔记本上写下回应，并读出来。"

凯瑟琳继续说："那很重要，查阅阅读笔记真的对谈话很有帮助。是物证。这是值得我们注意的重要信息。"听着凯瑟琳这样说，我笑了。她有个天赋，能从学生做的很小的事情上看到价值和意义。

接下来罗恩报告他观察到的自己俱乐部的情况，涉及之前讨论的片段。

凯瑟琳说："罗恩，我喜欢你举例子的方法，用一个片段告诉我们相关的事情。其他研究员可能想在这方面向你学习。"

　　下一个研究员说："我的组很好，他们补充和拓展了各自的想法。"

　　凯瑟琳问道："你能想起任何一个你认为讨论得很好的具体例子吗？像罗恩做的，你能提供一个具体的事件吗？那会非常有帮助。"

　　"不。"

　　我不知道凯瑟琳是否想多做点询问和指引，但她没有机会。莎拉的手举了起来，甚至在凯瑟琳同意她说之前，她就开始表达："我加入的俱乐部的成员和别人相处不好。这人可能是我最好的朋友之一，但是我们在讨论中并不好。我们有很多异议。现在我不知道我们还是不是朋友。我不记得我们为什么争吵，但是我们确实做了。所以，对于将来加入我们的成员，我有个忠告，放弃你的想法，随大流吧。"

　　我有点儿吃惊，她把朋友之间的困难在公共论坛上表达出来，但是凯瑟琳简单地就让问题正常化了。她问莎拉："想一想，如果你和朋友产生分歧或者一个好的俱乐部里产生分歧，那有没有可能你们还是好朋友，而俱乐部仍是一个好的俱乐部呢？在你们的生活里，难道没有争论吗？这并不意味着友谊结束了，对吗？"听着凯瑟琳说话，在我看来，她正在发表强有力的有关梦想的言论。俱乐部，像其他的关系一样，并非只在完美的状态下发挥作用，而是在我们用永久的宽容接受困难的时候，不能只是因为其间有了困难就否认人们的善良和友谊。

面谈和辅导

　　除了迷你课上提供的指导，我们在开展俱乐部活动的时候会辗转于各个俱乐部，和每个俱乐部面谈五至十分钟。我们和各个俱乐部面谈采用的方法跟我们和个体或伙伴面谈的方法相似。

　　和一个图书俱乐部面谈，我通常以重读我的笔记开始。我需要唤回以前讨论和观察的记忆，再次思考这些个体成员。比如说，如果我知道盒子汽车俱乐部的一些成员习惯于逐字阅读，然后我就知道，引导这个特别的小组做些读者剧场的工作可能是个不错的选择。对于一些孩子来说，流畅阅读是个问题，所以我会时刻记得，我需要寻找机会帮助他们多阅读些简单的书。翻看一个具体俱乐部相关的笔记，我不仅注意我们近期的谈话，而且留意这个小组读过的图书。如果一个俱乐部现在读的书和早期的有明显不同，这会提醒我注意。举例子来说，外人俱乐部读过 R. L. 斯泰恩（R. L. Stine）的《鸡皮疙瘩系列：魔鬼露营》（*Goosebumps*），现在在读保拉·但泽（Paula Danziger）的《我，安伯·布朗》（*I, Amber Brown*）。这对他们来说是真正的、巨大的飞跃。我会支持这个进步，告诉他们：《鸡皮疙瘩系列：魔鬼露营》里的角色通常不会长大或变老，或者出现从一本书到另一本书的改变，但是但泽的系列书并非如此。我说："你们可能想留意，安伯在不同的书里有哪些变化。"在和蓝龙俱乐部见面的时候，我的笔记显示，上次我们讨论了写作对于准备俱乐部讨论的重要性，但这并不是对所读的章节做总结，而是聚焦一个话题深入写。也许，今天我会告诉他们在结束讨论时考虑："今天的谈话怎么帮助我们今晚读书做记录呢？"建议所有成员围绕同一话题写作。比如说，如果读书会演变成两本书的比较，那他们读下面的章节是否会思考："这些章节和另一本书的有什么相同和不同？"

　　我喜欢先从远处研究俱乐部，因为当我走近的时候，俱乐部的氛围就会发生变化。我总是特别注意学生是否投入，因为世界上所有的好事都可能发生在学生周围，但是如果学生没有参与，那对他们就不会有什么意义。图书俱乐部的成员看起来投入吗？他们靠近对方吗？他们的书拿出来并打开了吗？他们看起来彼此在相互倾听吗？

接着，我就会拖把椅子，坐到俱乐部成员的旁边。我有个习惯，至少在几分钟内不会打断他们的讨论。如果我立刻干预，那我靠近学生的时候，他们就会很快停止讨论。我经常记录他们展开的交流。这会让我忙得不容易去打断他们，也会方便我收集资料。在讨论的教学环节，我需要资料。记笔记的时候，就他们讨论的内容，我也在形成自己暂时的猜测和想法。通常我会琢磨俱乐部成员讨论呈现的规律。

观察本身并不能提供给我足够的证据来发表任何强有力的言论。对于今天来说，孩子们正在谈论他们的生活，没有建立和他们所读的书之间的联系。如果一贯如此，我可能会担心；如果是一种突破，我会非常高兴。在感觉我好像足够了解情况并提供帮助之前，我需要从观察这个小组转而去询问他们一些问题。我会问："我能让你们停一会儿吗？"如果这个俱乐部的讨论是由和这本书无关的个人故事组成的，我可能会简单地问："对于你们来说，今天的讨论具有代表性吗？"比如说，在这种情况下，孩子们可能会让我知道，他们是否也意识到需要回到书本。有时候，我请孩子们听我读我有关他们读书会的摘抄，让他们回顾反思自己注意到了什么。在我观察的时候，如果只是两个孩子说得很多，我不知道这是一次意外还是一贯如此。我可能会说："今天，我在这儿的时候，你们两个谈了很多。最近俱乐部活动是不是都存在这样的情况？"

事实上，面谈时做出决定和研究这两个阶段同时发生。当我观察孩子们并和他们交谈的时候，对于这些孩子作为个体读者和这个俱乐部作为整体，我都在形成自己的认识和想法。潜在的问题经常是："这个小组接下来做什么？"小组接下来可以做的差不多有一百种可能，挑战性在于思考："什么是俱乐部必须要做但还没有完全实现的？""什么是这个俱乐部努力在做并需要帮助的？""主要是什么问题在妨碍这个俱乐部进一步发展？"

这里列举的是很多人反复遇到的、可预测的问题：

◎ 处理管理问题（做家庭作业；有效地切换到俱乐部活动；如何掌控有孩子离开去洗手间的情况；等等）。

◎ 所有成员表达自己的想法。

◎ 基于文本。

◎ 探索与回答问题，即避免尚未成熟的结论。

◎ 寻找并追求焦点问题。

◎ 学习彼此意见不一的价值，以别人可以接受的方式表达异议。

◎ 意识到作者写作时做出了选择，并经常问："为什么作者决定这样写？"

◎ 抽时间重读、记笔记或和伙伴交谈，它们有助于俱乐部基于文本进行讨论，给俱乐部带来新的活力，并引发更多的声音和视角。

◎ 在具体和概括性的想法中切换；很重要的是成员能够参照文本的具体内容，思考："我怎么能基于此形成对整个文本的感受？"

◎ 学习回应、反驳或仔细思考彼此的想法。

◎ 寻找机会基于讨论绘制图表。

◎ 在一个文本和另一文本之间切换。

◎ 通过阅读接下来的章节、围绕同一主题进行更多写作，拓展当天的讨论。

◎ 通过复述开展读书会，并拓展昨天的讨论。

◎ 书的选择。（一本书和下一本书之间有关联吗？这个小组是在以合理的速度阅读很多书吗？这些书对于他们来说具有挑战性吗？）

◎ 运用迷你课和面谈时获得的建议。

在明确我们想解决的问题之后，在研究—决定—教学面谈的第三阶段，我们提供给俱乐部成员一个策略去尝试，或者提供一个视角去思考并提高他们的读书会质量。我通常通过分享我所观察到的和我的相关理解开始这个阶段。

比如，我可能会说："今天我问你们对讨论的感觉，是因为在我看来你们有很多想法。这很棒，但是如此多的想法也让你们的讨论陷入困境。你们最终在一个好的想法、下一个想法、再下一个想法之间不断跳跃。"如果我不确定怎么和孩子们真诚地表达我所观察到的，同时不让他们感觉需要辩护、内疚或受责备，我会努力记住：在图书俱乐部（和人）当中存在的问题，恰恰也通常体现在他们的优势上。如果我为两个孩子在俱乐部里说了所有的话而控制了俱乐部而担心，那另一方面则说明这两个孩子真的回应和建构了彼此的想法。唯一的问题是，俱乐部里的其他成员没有参与这一过程。我倾向于先肯定优点，然后再指出优点的局限。我会说："我喜欢你们两人完全投入这本书，真正相互交流的方式。唯一的问题是，我会更希望你们所有的四个人都参与进来。"或者，如果俱乐部读完一本书，没有总结性的讨论就直接跳到讨论下一本，那我可能会赞美这个俱乐部热心阅读，同时表达一下在进入下一本书的讨论之前花些时间返回去思考整本书是很重要的。分享观察到的问题，为了避免孩子反感的心理，我经常使用的另一个方法是说："我注意到，你们在做的事和我所在的图书小组做的一样。"我想让他们理解，他们在图书俱乐部碰到的问题也正好是我们成人所遭遇的。我发现，让孩子贡献自己的观察也很有帮助。如果描述我看到的某一习惯，我倾向于问："你们感觉是这样的吗？"或者问："你们组是不是也有这样的习惯？"

一旦命名了我注意到的问题，并选择好教什么，我倾向于做五件事。我可能会：

◎ 建议让这个小组去尝试某个策略。

◎ 发动学生进行调查，围绕他们正面对的问题收集更多的信息。

◎ 指出有人已经在做（或差不多要做）的事，请所有的人去尝试。

◎ 请学生们再现讨论，并尝试以不同的方式进行。

◎ 对某学生轻轻耳语，帮助他们在小组讨论中进行具体的改变。

比如说，如果我认为某个小组需要学习以不同的方式来表达自己的不同意见，我决定围绕它展开教学，那我会告诉这个小组这一点，然后通过大声读我的有关他们的一段讨论的记录来说明我的建议，接着展示这个策略会怎样影响讨论。此后，我可能会说："所以，当我观察的时候，你们能保持交谈并试着以别人能接受的方式来表达自己的不同意见吗？"另一个情景是，如果俱乐部成员在明确谈话的主题之后花些时间浏览文本并用书签或便笺纸标记具体的位置，那他们在讨论时会更倾向于参照文本。分享了我的观点后，我会建议："你们现在试试如何？"所有的孩子翻开书，开始学习，我随后可能花点时间帮助一个孩子根据具体的讨论话题寻找相关的文本内容。一旦讨论重新开始，我可能会介入，给孩子们展示如何使用标记的段落。我会说："你能告诉我们书的哪个部分让你这么想的？""你能举个例子吗？"在去别的小组之前，我可能会说："从现在开始，在你们俱乐部锁定某个子话题并计划讨论它后，你们能总是先花五分钟时间重看这本书和你们的笔记吗？"我在笔记上写下这个新的解决方法，并请这个俱乐部这么做。这样的话，我就把我们之间的"新合约"明确化了。

我近期进行的一个研究—决定—教学面谈实践，发生在166小学的一组五年级学生身上。安杰拉、里卡多和克里斯蒂娜已经在前一天完成了威廉姆·阿姆斯特朗的《儿子离家时》的阅读，他们问艾利森老师他们是否可以给这本书做一个海报。艾利森想知道海报是否能拓展他们对这本书的思考，所以问他们为什么想做海报。他们不知道。艾利森建议他们先针对这本书做最后的讨论。十五分钟以后，她请我去和他们交换意见。

当我靠近的时候，克里斯蒂娜说："小组成员们，我有个问题。第十七页上写着'他看着他的妈妈用一块被套布补上爸爸的工作裤'，什么是被套布？你们是怎么理解的？"

坐在桌子对面的里卡多说："我觉得那肯定是某种拼凑物。我觉得穷人用旧衣服修补那些他们需要保留的衣服，这样他们能穿得时间长些。"

安杰拉回答说："我同意里卡多说的。我觉得是什么能盖住洞的东西。我能说另一件事吗？我喜欢他妈妈一直唱的那首歌，在第三十九页。'你必须走过这寂寞的山谷，你必须自己走，没有人能为你走。'我觉得那是一首很好的歌。"

里卡多说："耶！很好也很伤感。这让我想起，在结束这本书的阅读之前，我想要说的是，我觉得这个男孩给人们树立了一个好榜样。我觉得他是一个好人。"

安杰拉补充说："嗯，这个妈妈和爸爸也是。在第八十六页，囚犯们为什么在路边上洗石头？"

在这个时候我说："打扰一下，我能在这儿打断一会儿吗？听起来你们在讨论有待解释的地方、之前没有谈论的想法。这是你们在做的吗？"

里卡多先说："是，我们读完了这本书，通过家庭作业把希望在小组里讨论的想法列出了一个清单，但我们还没有讨论。现在我们讨论的是所有的这些。"

我说："书中总有些小的悬而未决的线索，这是真的。你们发现了很多，不是吗？但是你们知道吗？这真是一个特别的时间。你和其他读者讨论整本书的时间是非常重要的。你有这整个艺术作品，这整个故事在你心里面，你有一个小组的人在围着你谈它！在一些书里，特别是那些真正重要的书里面，你可能想讨论书的中心思想，这本书真的是关于什么的，你希望二十年后还能记得这书里的什么，你觉得作者试着要告诉你们什么。我希望你们今天试试。我希望你们试着放下那些悬而未决的小线索，去看看书的大图片、核心部分，好吗？"

"好的。"克里斯蒂娜说。

我问："这将会是个很大的讨论，你们怎么开始？你们准备怎么讨论这个故事真的是关于什么的？"

克里斯蒂娜建议说："我们可以写几分钟。"

弗朗西斯科补充说："我们可以做一个网状图，上面有我们觉得这本书所有重要的东西。"

我问："你是说把所有的放在一起？还是你们每人分开做，然后讨论？"

他们争先恐后地说："分开。"

我说："好吧。所以你们要花些时间去写。你可能画一个图或者写一段话，但不管怎样，你正在探索这本书究竟是关于什么的。你们可以这样开始：'对于我来说，这本书最大的事情是……''我记得……''我觉得这本书是真的关于……'你需要至少二十分钟的时间来敞开心扉写作。有时你读到一本书的结尾，你会试着做这种形式的写作然后再进行一个特别的讨论吗？"

鼓励俱乐部调查是第二种教学方法。比如，如果我注意到小组成员开始建立个人和书的联系，却不再返回到书本身，那我可能会告诉他们这是很多孩子都面对的问题。我可能会说："如果你们能想出一些可以重返文本的策略，那会很棒。你们能头脑风暴想想那些可能的主意，然后再试试它们的效果吗？"

我最近观察了我的同事凯特·蒙哥马利的一个讨论。她帮助一位老师敦促学生做调查。这个讨论是从这位老师半小时前告诉凯特和我开始的，孩子们告诉她他们计划用整个图书俱乐部见面的时间讨论凯瑟琳·皮特森的《仙境之桥》里的杰斯称自己为"原始的黄腹啄木鸟"是什么意思。孩子们讨论时参照的那段话是这样的：

陷入纯粹的喜悦，杰斯转过身，看着莱斯莉的眼睛。他对着她笑。这到底是怎么回事？没有任何原因，不管怎样他害怕什么？主啊。有时候他表现得就像原始的黄腹啄木鸟一样。他点点头，又笑了。她也笑了笑。

从教室的对面，我能看到伊万翻玩着铅笔橡皮擦，朱莉在编蒂莉的头发。我们拽着我们的椅子，去听五年级这个小组（伊万、蒂莉、伊丽莎白和朱莉）的讨论。立刻橡皮不见了，辫子也散了下来，每个人都拿起他们的书。学生们迅速做出一个好像他们正在热烈讨论的状态。朱莉说："所以，我觉得他的意思是说他是一只肚皮胖胖的啄木鸟！"

每个人都笑了，朱莉的评论是一个他们都懂的信号，它是一个"我们一直都在努力学习"的象征性动作。伊丽莎白补充说："你的意思是一只吮吸树汁的鸟，而不是啄木鸟！"

朱莉说："对。"然后出现了一个长长的、尴尬的停顿。

最后凯特介入："你们能告诉我今天到目前为止你们俱乐部都做了些什么吗？"

蒂莉马上大声说："我们想知道他说'原始的黄腹啄木鸟'是什么意思，所以我们查了字典，字典能告诉我们是什么。"

伊万解释说："我们一直在讨论他这么说的意思，还有为什么他说这个，不同人的观点，等等。"

其他人抱有希望地点了点头。

凯特说："你们知道，你们说所有时间你们都在做这件事是很奇怪的。我想我看到你们在开始阅读的前一两分钟拿着字典，但之后在我看来你们不是在讨论杰斯话的意思。"

伊万抗议："可是我们……"

朱莉插入："是，我们有一个好的讨论。"

　　凯特没有理会，说："等一下，重点是如果你们甚至都不想思考你们的经验到底是什么，那你们怎么能从你们的经验里学习呢？"然后她说："就像你和塞茨老师刚才在班里研究风筝，伊万，你告诉我说刚开始你的风筝不能飞，但是你弄明白了，把它变轻，改变了它的尾巴，然后它能飞了。想象一下，如果你只是假装它一直在飞！想象一下，如果因为你在忙着假装它很好，而你从来没有真正查看问题是什么！所以，你们可以都坐在那儿假装你们的风筝能飞。你们的讨论很棒，但你们从里面什么都没有学到。或者你们可以努力弄明白存在的问题，这样下次的情况会好些。会是哪个？"

　　这些孩子看起来清醒了。伊丽莎白代表所有人，清楚地表态："我们会努力弄明白。"

　　其他人点头说："好的。"凯特说："做这件事很难，你们怎么开始？"

　　随后是长时间的沉默。这时凯特说："当我试着弄明白我的风筝为什么不能飞的时候，或者我们的谈话为什么进行得不好的时候，首先我会非常仔细地查看，尽可能实事求是地查看。为什么不把它当作你们今天的作业？好好回忆一下，今天当事情开始不对的时候到底发生了什么，把你能记起的尽可能详细地写下来。今晚和明天看看你的记录，弄清楚发生了什么，并思考下一次你怎么做得更好。而且，你们可以和班里其他人分享你们究竟弄清楚了什么！"

　　不是建议尝试一个策略，也不是发动学生做一个调查，我们可以敦促一个孩子做点什么（或者留意一个孩子在做什么），然后请全班模仿那个孩子所做的。如果一个孩子满脸疑惑地听着另一个孩子，我可能会说："里科，你看起来不是很赞同安杰拉所说的。那很明智，边听边思考：'我同意吗？'我能肯定你很渴望对她说：'我不确信我是那样认为的。你能再多说些吗？'"然后我可以说："里科，如果你是那样想的，为什么不告诉她你不很赞同她的观点并请她再多说些呢？"

教学的第四种方法是暂停，并请俱乐部加入我们，再现和重新思考他们已有的谈话，然后可以读出我们有关他们讨论的记录。我们可能想指出一个值得关注的问题，或者我们可能想让孩子自己做出回应，不管怎么样，反思讨论的记录，这样通常能引发我们思考如何改进读书会。我说："那让我们返回去。"现在这个组重返先前的讨论，再次尝试，这次要试着改进。

正如我之前提到的，还有另一种教法是，倾听学生有关书的讨论（而不是打断），只是随着读书会的展开轻轻加入。如果想孩子们养成讨论时更多提到文本的习惯，我们不要打断他们的谈话，而是悄悄地对一个孩子说："难道你不渴望了解她提到的这部分内容？请她展示给你看。"如果我们重复要求一个孩子说："你在哪儿找到的那个？"稍后，如果有这样做的需要，我们会以眼神提醒孩子，他会说："你在书的哪里发现这点的？"当"展示给我"这个反应变成习惯之后，我们可以对这个小组说："现在罗尼特经常说'展示给我'，你们注意到你们整个讨论变得好很多吗？试着更为频繁地说'展示给我'！"

注意到我们是在辅导学生做某些具体的、我们希望能变成他习惯的事情，而不是代替学生做这些事，这很重要。我不趴在学生身上说："你在书的哪里看到这点了？"相反，我提醒孩子这样问，并让这变成他的习惯：

◎ 请发言人多说些，解释说明。

◎ 当某人的表述让人困惑时，问"什么?"。

◎ 总结目前为止的讨论，阐明眼前的主题。

◎ 举例子去支持一个推测，学习说"比如说"，并请其他人举例子。

从深思熟虑地发起图书俱乐部到引导学生选书，再到围绕短篇、共享的文本进行分析、迷你课和面谈，所有的教学并不能保证孩子们在教室无所烦恼地、果断坚决地参与文学讨论。像所有的好的教学一样，图书俱乐部的工作很难，但是，如果我们像伊万修他的风筝一样，确保时常真诚地审视我们的方法，确保我们的学生问自己"这些图书俱乐部正在做什么?"，如果我们花时间评估、重建并平衡我们的阅读教学，那么我们的学生就走上了一条通往一种可贵的生活的路。在这种生活中，他们可以和别人坐下来谈论想法，可以改变主意、坚持己见，可以倾听和学习。在当今社会，这难道不值得我们努力工作吗?

出版人　李　东
项目统筹　代周阳
责任编辑　欧阳国焰
版式设计　沈晓萌
责任校对　张保珍
责任印制　叶小峰

图书在版编目（CIP）数据

如何设计阅读教学工作坊？/（美）露西·麦考密克·
卡尔金斯著；丁义静，马楠译. —北京：教育科学出版社，
2018.4（2021.6重印）
（阅读教学新视野丛书）
ISBN 978-7-5191-1367-4

Ⅰ.①如…　Ⅱ.①露…　②丁…　③马…　Ⅲ.①英语—
阅读教学—教学研究—中小学　Ⅳ.①G633.412

中国版本图书馆CIP数据核字（2018）第016942号

北京市版权局著作权合同登记号　图字：01-2015-4934

阅读教学新视野丛书
如何设计阅读教学工作坊？
RUHE SHEJI YUEDU JIAOXUE GONGZUOFANG？

出版发行	教育科学出版社			
社　　址	北京·朝阳区安慧北里安园甲9号	**市场部电话**	010-64989009	
邮　　编	100101	**编辑部电话**	010-64989527	
传　　真	010-64891796	**网　　址**	http://www.esph.com.cn	
经　　销	各地新华书店			
制　　作	永诚天地			
印　　刷	唐山玺诚印务有限公司			
开　　本	720毫米×1020毫米　1/16	**版　　次**	2018年4月第1版	
印　　张	15.5	**印　　次**	2021年6月第4次印刷	
字　　数	161千	**定　　价**	39.80元	

如有印装质量问题，请到所购图书销售部门联系调换。

Authorized translation from the English language edition, entitled THE ART OF TEACHING READING, 1st Edition, ISBN: 9780321080592, by CALKINS, LUCY MCCORMICK, published by Pearson Education, Inc. Copyright © 2001 by Addison-Wesley Educational Publishers Inc.

"阅读教学新视野丛书"（作者：CALKINS, LUCY MCCORMICK）一书由培生教育集团授权翻译出版。Copyright © 2001 by Addison-Wesley Educational Publishers Inc.

All rights reserved. No part of this book may be reproduced or transmitted in any form or by any means, electronic or mechanical, including photocopying, recording or by any information storage retrieval system, without permission from Pearson Education, Inc.

版权所有。未经培生教育集团许可，不得以任何形式、任何电子或机械手段（包括复印、记录）或任何信息库检索系统，复制或传播作品的任何部分。

CHINESE SIMPLIFIED language edition published by EDUCATIONAL SCIENCE PUBLISHING HOUSE. Copyright © 2018.

简体中文版由教育科学出版社出版。Copyright © 2018.

本书封面贴有 Pearson Education（培生教育集团）激光防伪标签。无标签者不得销售。